中国经济文库 · 应用经济学精品系列

U1000165

# 市场化对中国企业出口行为的影响研究

## Research on the Impact of Marketization on Chinese Firms' Export Behavior

沈得芳◎著

中国经济出版社
CHINA ECONOMIC PUBLISHING HOUSE
北京

**图书在版编目（CIP）数据**

市场化对中国企业出口行为的影响研究/沈得芳著．
—北京：中国经济出版社，2020.3
ISBN 978-7-5136-5856-0

Ⅰ.①市… Ⅱ.①沈… Ⅲ.①经济市场化—影响—企业管理—出口贸易—研究—中国 Ⅳ.①F752.62

**中国版本图书馆CIP数据核字（2019）第199776号**

组稿编辑 崔姜薇
责任编辑 葛 晶 冀 意
责任印制 马小宾
封面设计 华子图文

**出版发行** 中国经济出版社
**印 刷 者** 北京建宏印刷有限公司
**经 销 者** 各地新华书店
**开　　本** 710mm×1000mm 1/16
**印　　张** 11.75
**字　　数** 174千字
**版　　次** 2020年3月第1版
**印　　次** 2020年3月第1次
**定　　价** 68.00元
**广告经营许可证** 京西工商广字第8179号

**中国经济出版社** **网址** www.economyph.com **社址** 北京市东城区安定门外大街58号 **邮编** 100011
本版图书如存在印装质量问题，请与本社销售中心联系调换（联系电话：010-57512564）

# 前 言

改革开放以来，中国经济逐步融入全球经济之中，通过积极参与国际分工，中国充分发挥“人口红利”等低成本比较优势，实现了出口贸易的“爆炸式”增长，成为全球贸易大国。中国出口“超常规”的高速增长在为经济发展提供源源不断的动力的同时，其大而不强和可持续发展后劲不足的特点成为中国出口贸易发展过程中不容回避的问题。随着土地、能源和劳动力等生产要素价格的逐步攀升，中国传统的低成本比较优势正在逐渐丧失。与此同时，2008 年全球金融危机爆发以来，世界经济持续低迷，经济复苏进程曲折艰难，由此引发的贸易保护和国外市场需求不足等问题使得中国大量的出口企业深受其累，出口贸易额出现大幅下滑现象，这充分暴露出当前中国出口贸易增长的脆弱性和不可持续性。如何转变对外贸易发展模式、以改革促进出口贸易的可持续发展是中国当前面临的重大问题。

中国作为发展中大国和转型经济体的代表，1978 年开始由高度集中的计划经济向市场经济转轨，经济体制转型的速度与规模都是空前的。在经历了一系列的市场化改革之后，中国的市场化水平大大提升，党的十八大以来，中国更是将市场化改革视为完成经济转型的根本动力，提出“坚持社会主义市场经济的改革方向”“加快完善社会主义市场经济体制”等一系列改革方向。作为经济活动的主体，企业的一系列出口行为必然会受到其所处的外部制度环境的影响。鉴于此，本书将重点考察中国特殊的制度环境——市场化改革对企业出口行为的影响效果、影响渠道及影响效果的样本差异性。本书的研究结论有利于中国对经济体制改革进行战略定位和调整，对构建新型比较优势以培育出口驱动力和提升国际市场竞争力具有重要的政策启示意义。

在梳理和总结国内外已有相关研究文献的基础上，本书选取2000—2007年的微观企业数据，系统考察市场化对中国企业出口行为的影响。全书共分为七章：第一章为导论，主要介绍本书的选题背景和意义，研究思路、研究方法及创新之处。第二章为文献综述，简要回顾并梳理有关制度与国际贸易相关关系的重要文献。第三章为中国出口贸易的事实分析，从总体和企业层面详细描述中国出口贸易的发展概况，并指出中国出口贸易现存的不足和稳定出口的必要性。第四、第五、第六章为本书的核心章节，分别就市场化对中国出口贸易平稳持续增长的三种实现形式进行探讨。其中，第四章从交易成本的角度采用工具变量Heckman选择模型实证考察市场化对中国企业出口二元边际的影响，重点关注企业的出口倾向和出口规模；第五章从市场竞争的角度采用2SLS方法实证考察市场化对中国企业出口产品多样化的影响；第六章基于生存分析曲线刻画了中国企业出口持续时间的分布特征，采用离散时间Cloglog方法实证考察了市场化对中国企业出口持续时间的影响。第七章对全书进行总结，在归纳本书主要研究结论的基础上，为中国出口贸易的平稳持续增长和经济体制改革提出相应的政策建议，最后给出研究展望。

本书的主要结论：第一，通过降低经济运行过程中的不确定性和交易费用，市场化能够显著促进企业出口倾向的提高和出口规模的扩大，并且对技术复杂度越高的企业出口促进作用越显著。本书进一步分析还发现，市场化对企业出口的促进作用更多地体现为企业出口倾向的提升，而非企业出口规模的扩大。第二，市场化能够通过激烈的市场竞争效应激励企业进行研发创新，其程度的提高能够显著促进企业出口产品多样化水平的提升，且对研发强度越高的企业，出口多样化促进作用越突出。第三，市场化程度的提高还可以显著降低企业出口失败的概率，能够有效延长企业的出口持续时间。第四，针对不同地区、不同所有制以及不同行业企业等异质性特点，市场化对企业出口二元边际、出口产品多样化水平和出口持续时间的影响都存在较大差异。通过研究结论可知，市场化程度的提高可以有效提升企业的出口绩效。中国未来出口贸易发展的关键转折点在于由“人口红利”等传统比较优势驱动转为依靠“制度红利”，通过制度的深度变革来推动中国出口贸易的平稳、持续发展。

# 目 录

# 第一章　导　论

导论部分是对本书整体情况的一个说明，其内容主要包括以下几个方面：第一节是本书的选题背景和选题原因，介绍本书研究的理论意义及现实意义。第二节是本书的主要研究内容、研究方法，在简要阐述整体研究思路的基础上给出本书的研究框架。第三节是本书的创新之处及存在的难点。

## 第一节　选题背景及意义

### 一、选题背景

伴随着 20 世纪 80 年代的改革开放与市场转型，中国紧紧抓住并充分利用了全球产业结构调整和转移的大好历史性机遇，充分发挥自身自然资源丰富、劳动力低廉的竞争优势，促进了出口贸易的“爆炸式”增长。从贸易总量方面来看，中国的货物出口总额从 1978 年的 99.55 亿美元迅速增加到 2018 年的 24866.95 亿美元，占世界货物出口总额比重也相应地从 1978 年的 0.76%上升到 2018 年的 12.78%，于 2009 年超过德国，成为全球第一的商品出口大国。从贸易的增速方面来看，中国在 1978—2018 年货物的出口总额年均增长率高达 15.92%，远远超过同时期世界货物出口总额 7.69%的年均增长速度。[①] 特别是中国在 2001 年加入 WTO 后，伴随着对外开放程度的进一步提升，中国制造的产品遍布全球，在为世界做出巨大贡献的同时，中国的世界贸易地位也在不断提升，在世界经济中所发挥的作用越来越重要。然而，值得注意的是，在中国积极参与经济全球化，

① 根据联合国贸易和发展会议数据库计算得到。

出口贸易蓬勃发展的同时，我们也应该看到当前的中国正面临着重大的来自国内市场和国际市场的双重挑战。

第一，从国内市场的内部制约来看，中国目前的出口贸易发展动力可能变得难以为继。长期以来，中国企业相当程度上是依赖生产要素的大量投入，依靠低成本劳动力来提高其产品在国际市场上的价格竞争优势，但是这条路现在正变得越来越艰难。近几年，有大量的企业遭遇“民工荒”的困境，农民工群体不再是取之不尽、用之不竭的“人力蓄水池”，劳动力成本的上升趋势已经不可再逆转，那些仅仅依靠廉价劳动力支撑的企业必须要进行转型升级。此外，当前的中国已经成为全球老年人口最多的经济体，也是世界上人口老龄化速度最快的国家之一。国家统计局数据显示，2018 年末，我国 60 周岁及以上人口有 24949 万人，相比 2017 年增长了 859 万人，占总人口的 17.9%，其中 65 周岁及以上人口有 16658 万人，占总人口的 11.9%。人口老龄化的快速发展将会造成劳动力供给量减少，劳动参与率下降，继而会引起工资上涨，用工成本的上升将会严重影响中国对劳动密集型产品或者在劳动密集型阶段产品的生产，最终使得中国企业在国际市场上的出口竞争力下降，企业所赖以生存的低劳动力成本这一出口比较优势也将消失殆尽。

第二，从国外市场的外部挑战来看，尽管高速发展的出口贸易为中国的经济增长做出了巨大贡献，但是其在大幅提升中国国民生活水平的同时，也使得中国经济对国际市场的依赖性越来越强。高依赖意味着高风险，中国的对外贸易不可避免地会受到世界经济波动的影响。2008 年，由美国次贷危机爆发所引发的全球金融危机造成了全球经济增速大幅下滑以及国际贸易出现大幅缩水的现象。为了维护本国的政治以及经济利益，众多国家特别是受经济危机冲击比较严重的发达国家，开始采取各种措施来保护本国国内市场，贸易救济的数量在不断增加，贸易壁垒的形式也越来越多样化。根据全球贸易预警组织（GTA）的报告显示，此次危机引发的全球性贸易衰退期间贸易保护主义确实有所增加，并且可能有进一步恶化的趋势。值得注意的是，作为经济增长严重依赖对外贸易的中国，由于出口规模巨大，其所遭受到的各国政府所实施的各种形式的贸易保护如技术性贸易壁垒、反倾销调查、反补贴以及知识产权等措施的数量一直都处于首位，成为最大的受害国。其中，根据 WTO 数据统计，2008—2014 年，中国共遭遇的反倾销数量从 218 例上升到 236 例，已经连续成为全球受到反倾销调查数量最多的国家①。特别是 2018 年以来，特朗普政府执意发起的贸易战，使得中美贸易摩擦再起，中国的出口企业正在面临着前所未有的挑战。

综上所述，在国内需求不足、要素价格不断攀升的同时，来自国际市场的压力也使得中国企业的出口变得举步维艰。面对国内外两方面的夹击所导致的不乐观的出口贸易形势，国务院办公厅和商务部多次出台了一系列稳外贸措施，“稳出口、保增长”已经成为当下中国政府部门所关注的重中之重。而如何转变对外贸易发展模式、构建新型比较优势源泉以保证中国制造业出口的平稳、持续增长就成为解决该问题的关键。在此背景下，众多学者研究指出，中国未来对外贸易发展的关键转折点在于由“人口红利”等传统比较优势驱动转为依靠“制度红利”带动（聂辉华和邹肇芸，2012；邱斌等，2014）。戴翔和金碚（2014）也指出，“新一轮开放应注重释放制度红利，从而在进一步深度融入产品内国际分工体系中提升中国出口技术复杂度，谋求全球分工新地位”。

20 世纪 80 年代，新制度学派开始兴起，将制度因素引入经济学范畴，认为制度是决定一个国家或一个地区经济增长的决定性要素，并且是各经济体之间甚至是经济体内部各地区之间导致经济发展水平存在差异性的决定性影响因素。制度学派认为，资本的积累和技术的进步均是经济增长本身，这些都不是实现经济增长的动因，而真正能够促进经济增长的因素是制度。在制度经济学的研究领域中，研究对象由对经济增长的考察向对制度和制度变迁的考察转换。依据制度学派的观点，当经济处在一个好的市场体制时，受益于经济的外部效应、学习机制以及由适应性预期所建立的有力的反馈机制，最终会有效促进该国或该地区的经济增长。同样地，制度因素在国际贸易发展过程中也发挥着关键性作用。传统的国际贸易理论认为，通过实现对稀缺要素和资源在全球范围内的优化配置，国际贸易可

① 1995—2014 年中国遭受的反倾销调查数量参见附表 1。

以增加社会总产出，并且通过增加产品供给数量和消费产品种类进而会增加社会效用及福利。但是，由于该理论是在新古典经济学的基础上构建的，它假定交易成本为零，或将制度简单定义为技术或税收，认为国际贸易产生的原因主要在于技术水平差异、资源禀赋差异或者需求偏好差异等，忽视了制度在国际贸易发展中所起到的重要作用。此后，随着新制度经济学的兴起与发展，关于制度对一个国家或一个地区对外贸易发展的促进作用已经得到众多学者的认同。他们普遍认为，良好的制度是一个国家或一个地区贸易比较优势的重要来源，合理的制度安排、完善的市场竞争体制以及有效的激励等可以最大限度地激发各类生产要素的生产潜能，提升经济效率，最终促进该国或该地区国际贸易的发展。

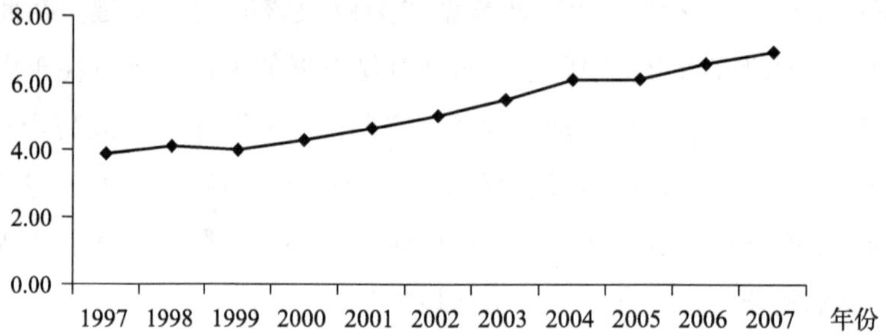


**图 1-1　1997—2007 年中国平均市场化指数**

数据来源：《中国市场化指数——各地区市场化相对进程 2011 年报告》。

作为发展中经济体和转型经济体的代表，中国改革开放以来进行了重大的制度变革。在此之前，中国是一个封闭的计划经济体，1978 年以后中国开始从计划经济体制向市场经济体制转轨，目标是要建立起一个完善的市场经济体制。在经历了一系列的市场化改革之后，中国的市场化水平有了大幅度的提升（见图 1-1）。从微观层面来看，作为市场经济中具有自我管理经营、独立决策能力的主体，企业是整个社会经济的缩影和直观体现。通常认为，影响与制约企业生产经营行为的因素主要有两个方面：其一是企业的内部因素，主要包括企业自身的动力、目标、利益、决策以及约束等，其二是企业的外部因素，即外部的制度环境，主要是指企业所处的市场条件、经营环境以及政策法规等（孙铮等，2005）。外部制度环境对企业的生产经营行为具有重要影响，并且这种影响在转型国家尤为明显。这主要是因为，相较于其他经济体内的企业，转型国家内的企业所面临的外部不确定性更大，企业必须随时关注在制度变迁过程中所面临的发展机遇与挑战，以及制度变迁对自身交易成本、经营决策和发展战略等方面所产生的影响。

中国政府进行市场化改革的决心从未动摇过，特别是党的十八大以来，中国更是将市场化改革视为完成经济转型的根本动力，提出了“坚持社会主义市场经济的改革方向”“加快完善社会主义市场经济体制”“必须更加尊重市场规律”等一系列的改革方向。党的十八届三中全会确定的主题就是“全面深化改革”，在《中共中央关于全面深化改革若干重大问题的决定》中明确指出必须积极稳妥地从广度和深度推进市场化改革，大幅度减少政府对资源的直接配置，推动资源配置依据市场规则、市场价格、市场竞争实现效益最大化和效率最优化。在一系列宏观经济政策的指导下，中国的市场化进程正在快速推进。面对当前我国不乐观的出口贸易形势，值得思考的问题是，作为一个国家或一个地区经济增长和发展的根本性决定因素，中国的市场化改革会对其企业出口行为产生怎样的影响？它对中国企业出口的作用机制有哪些？市场化对中国企业出口的影响是否会因样本性质的不同而存在差异？随着微观企业层面数据的可获得，本书将对上述问题进行系统地研究，以期为中国构建制度比较优势和提升国际市场竞争力提供有力的参考。

## 二、选题意义

伴随着新新贸易理论的兴起与发展，研究企业出口行为的文献越来越多，但鲜有研究关注中国市场化对企业出口行为的影响。考虑到中国的实际情况，并结合已有的国内外相关研究成果，本书就市场化对中国企业出口行为的影响进行系统而全面的研究。本书的研究意义主要体现在以下两个方面：

### （一）理论意义

以往研究对外贸易时大多数文献都将企业所处的外部制度环境视为外

生给定的，考察的都是制度以外的因素对一个国家或一个地区国际贸易的影响。此后，伴随着制度经济学的蓬勃发展，一个国家或一个地区的制度质量对其出口贸易以及经济增长的影响成为当前学术界所关注的核心问题。虽然从目前来看，各国学者就制度质量对一个国家或一个地区出口贸易的作用效果展开了一些探索，但是这些文献大都基于宏观层面进行分析，基于微观视角的研究仍旧相对薄弱。在此背景下，本书基于中国特殊的体制改革——市场化的视角来系统考察中国市场化水平的提升对其企业出口二元边际（重点关注企业的出口倾向和出口规模）、企业出口产品多样化和企业出口持续时间等方面的影响，这对制度质量与国际贸易关系的理论研究来说可能是一个重要的拓展，并将丰富这一领域的相关研究。

**（二）现实意义**

本书研究的现实意义主要有以下两个方面：一方面，通过研究市场化对中国企业出口的具体作用效果，不仅可以评判中国在进行经济体制改革过程中所取得的成就以及现存的不足，还可以全面深化体制改革进程中的战略定位和调整。这对于中国如何加快优化经济制度环境，构建新型的制度比较优势以提升国际市场竞争力、促进出口贸易平稳增长都有着重要启示。另一方面，一个国家或一个地区的出口贸易是所有出口企业行为的整体体现，作为进行出口活动的主体，企业的行为需要得到重点关注，因此本书从微观企业的角度来探讨中国出口贸易的影响因素，能够更全面、更深入地了解中国的出口贸易状况，更有针对性地制定对外贸易发展政策。

## 第二节　本书的主要研究内容、方法

### 一、相关概念的界定

本书所要考察的是市场化对中国企业出口行为的影响关系，因此在正式研究之前，首先对书中所涉及的市场化与企业出口行为这两个关键变量的概念进行界定，从而对本书的主要研究内容有一个概念上的把握。

### （一）市场化

1978年以来，中国开始实行从计划经济向市场经济转型的经济体制改革战略，其目标是构建一个完善的市场经济体制。根据樊纲等（2003）的定义，市场化不是单纯的一项规章制度的变化，而是一个多元、复杂的制度变迁的过程，是一系列社会、经济、法律乃至政治制度的深刻变革。孙晓华等（2015）也指出，一个完善的市场经济体制不仅要在产品市场上实现自由、充分的竞争，还包括生产要素市场的要素可以自由流通、产权制度以及各项经济法规十分明确、清晰等。市场化改革的实质是政府逐渐放松干预，使得市场机制可以对经济运行中的资源配置以及价格形成发挥着越来越大的关键性作用，借由制度的改革来激发经济主体的创造力以及活力。随着市场化改革的深入，政府对经济的直接干预程度逐渐降低，市场结构日趋健全，功能越来越有效，可以营造出一个良好的市场环境。

### （二）企业出口行为

伴随着以Melitz（2003）为首的新新贸易理论的兴起，众多学者开始从企业层面来研究一个国家或一个地区的出口贸易。企业的出口行为，是指作为经济活动的独立个体——企业有关出口的决策活动。回顾已有关于企业出口行为的研究文献，不同学者往往根据自身研究的需要而从不同侧面进行了研究。本书所要考察的企业出口行为主要是基于以下两个方面的考虑：

第一，企业的出口倾向和出口规模是企业出口行为最直接且直观的表现形式，本书将基于中国市场化改革的视角对其进行实证考察。除此之外，部分学者还指出，研究中国的出口贸易不能单单仅考虑企业的出口规模，还应关注企业出口的多样化以及出口生存，企业出口产品的多元化以及出口持续时间的延长也可以在中国的对外贸易发展中发挥重要作用。

第二，面对不容乐观的贸易形势，国务院办公厅和商务部多次出台了一系列的稳外贸措施，"稳出口、保增长"已经成为当下中国政府部门所关注的重中之重。为保证中国出口贸易的平稳持续增长，除了鼓励企业进入国外市场、扩大出口规模，出口产品种类的增加以及延长企业的出口持续时间也都是稳定企业出口、促进中国出口贸易总量增加的重要实现途径。

根据上述分析，本书将基于市场化改革的视角，系统考察其对中国企业出口行为的影响，重点关注对企业出口倾向和出口规模、出口产品多样化以及出口持续时间的影响效果。

## 二、研究内容

### （一）研究思路

中国快速扩张的出口贸易在为本国经济增长提供强劲的动力并提升全球经济话语权的同时，其独特的发展模式也已经引起国内外学者的广泛关注。众多文献就中国出口贸易增长的原因和驱动机制进行了全面研究。令人遗憾的是，国内外已有的大量文献都从宏观层面就这一问题展开细致的考察。值得注意的是，即便是国家层面贸易总量的变动也是由众多出口企业不同的出口决策综合起来的，因此从企业的角度来探寻中国出口贸易快速发展的原因与机制对于理解中国的出口贸易增长具有更为重要的现实意义。

近几年来，国际贸易所关注的视角开始向细微转换，从国家和产业等宏观层面转向了企业和产品的微观层面。Melitz（2003）等新新贸易理论的兴起与发展为从企业微观层面来考察一个国家或一个地区国际贸易的变动提供了新的研究思路。相较于出口总量的变动，企业和产品层面的贸易变化更富有动态性。从中国的现实情况来看，每年都会有众多新企业进入国际市场，也会有企业退出，同时持续出口的企业在产品种类、持续时间等方面也在不断地进行调整。中国出口贸易迅速增长的实质其实是一个复杂的动态过程，仅从企业出口规模的角度进行分析不利于深刻理解中国出口贸易的增长模式。

针对现有研究大多从国家或省际层面来考察制度对一个国家或一个地区出口贸易的影响，与此不同，本书拟借鉴异质性贸易理论的研究成果，从微观企业角度考察中国特殊的制度变革——市场化程度的提高对中国企业层面出口行为的影响。在评述现有相关研究文献、统计性描述中国出口贸易发展概况的基础上，通过构建计量模型，采用实证方法就市场化对中国企业出口二元边际、企业出口产品多样化以及企业出口持续时间的具体影响进行分析。最后，本书就研究所得出的主要结论进行梳理、总结，给出相应的政策建议，并对未来研究方向进行展望。

**（二）研究框架**

根据上述研究思路，本书将分为七章来系统考察市场化对中国企业出口行为的影响（见图 1-2）。

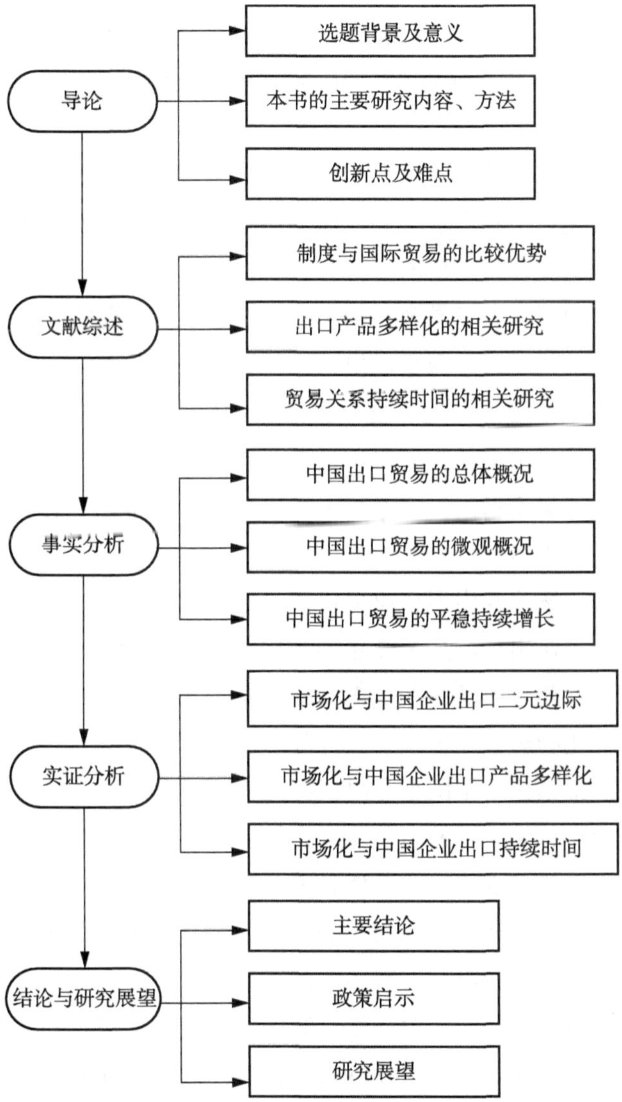


**图 1-2　本书的研究框架**

第一章是导论。在阐述中国人口红利日渐衰竭以及国外市场需求不足的背景下，引入本书的主要研究内容和研究意义，然后再介绍本书所使用的研究方法和创新之处，以及在写作过程中的难点。

第二章是文献综述。在这一章，本书将结合国内外已有的相关研究文献，从制度的角度梳理其对国际贸易的影响，主要包括制度与国际贸易比较优势的相关研究、出口产品多样化的相关研究和贸易关系持续时间的相关研究，充分了解当前相关文献的研究进展，最后指出现有研究文献的不足之处。

第三章是中国出口贸易的事实分析。通过详细的统计性数据从中国总体出口贸易发展状况和微观企业层面的出口现状两个方面来描述中国出口贸易的特征性事实，为随后的实证分析奠定好事实基础。最后，通过上述事实分析得出中国出口贸易现存的不足，指出本书研究的必要性。

第四章是市场化与中国企业出口二元边际。本章尝试从企业交易成本的视角切入实证考察市场化程度的提高对中国企业出口二元边际的影响。首先梳理市场化通过降低交易费用进而对企业出口的作用机制，在此基础上，通过构建计量模型来实证考察市场化对中国企业出口倾向和出口规模的影响，并进行多组的分样本检验。

第五章是市场化与中国企业出口产品多样化。本章首先基于竞争效应分析市场化对企业出口产品多样化的作用机制，然后在对企业出口产品多样化的指标进行测度的基础上，来实证考察市场化程度的提高对中国企业出口产品多样化的影响效果，并进行分组检验。

第六章是市场化与中国企业出口持续时间。首先基于生存分析曲线来刻画中国企业在总体层面的出口持续时间以及在不同地区和不同所有制企业之间出口持续时间的差异性，随后采用离散时间 Cloglog 方法实证考察市场化对中国企业出口持续时间的影响，最后对这种影响的地区、企业所有制以及其他特征的差异影响进行实证分析。

第七章是结论与研究展望。先总结本书研究的主要结论，并据此为中国经济体制改革与出口贸易的平稳、持续发展给出相应的可行性政策建议，最后对未来可以进一步完善的研究方向进行探讨和展望。

### 三、研究方法

本书主要从市场化的角度分析中国企业的出口行为，重点在于剖析市场化对企业出口行为的作用机制以及影响效果，试图为客观评价中国市场化经济体制改革对出口贸易的影响提供来自微观视角的证据。为实现本书的研究目的，在具体研究过程中，本书主要采用定性与定量分析相结合、理论与实证分析并重的研究方法。首先借助于曲线、表格等形式就中国当前在总体层面以及企业层面的出口贸易发展概况和发展特征进行统计性描述，以期能够提供一个较为全面、深入的了解，为后续实证分析提供事实依据。随后，选取中国 2000—2007 年的微观企业数据，本书采用 Heckman 选择模型、两阶段最小二乘（2SLS）方法、离散时间 Cloglog 模型等计量方法，在控制模型内生性的基础上就本书所关心的问题进行实证检验。

## 第三节　本书的创新点及难点

### 一、本书的创新点

本书借鉴已有关于制度质量与国际贸易相关关系的理论和实证研究文献，在梳理了市场化影响出口贸易的微观作用机制的基础上，采用中国 2000—2007 年的微观企业数据对此进行计量验证。相较于其他已有相关研究，本书的创新之处主要体现在以下几点：

（1）研究视角创新。从已有的相关文献来看，大量文献就制度质量与国际贸易的相关关系进行了探讨，但大都重点强调了法律制度如契约执行的作用，很少有文献将各种制度因素共同作用下的一国市场化发展对企业出口行为的影响机制进行系统研究。本书从中国的微观数据出发，从理论和实证两个方面系统分析市场化对企业出口行为的影响，在研究角度上具有创新性。

（2）不同于以往对技术复杂度的测度。本书从交易成本的角度切入，利用中国投入产出表测算了各行业的技术复杂度，在此基础上运用工具变量法对 Heckman 选择模型进行修正后，实证考察了市场化对中国企业出口二元边际的影响，这一工作或许可以为未来同类研究提供有价值的参考。

（3）在 Melitz（2003）模型单一产品企业的假设下，大部分文献都重点强调甚至高估了集约边际对中国出口增长的重要性，并未充分认识到企业内扩展边际的贡献及福利内涵，对企业层面出口产品多样化的研究相对比较匮乏。本书系统考察中国市场化水平的提升对企业出口产品多样化的影响，拓展并丰富了制度质量与国际贸易关系理论领域的研究。

（4）贸易关系生存时间问题是一个比较新的研究领域。目前，相关文献大多集中于对一个国家或一个地区贸易关系特征的事实描述，无论是理论模型还是实证检验都还处在起步阶段。基于已有研究文献的不足，本书采用离散时间 Cloglog 方法就市场化对中国企业出口持续时间的影响进行了实证考察，将对这一领域相关研究作很好的补充。

（5）从中国微观企业各个维度来看，差异性都比较大，即使是同一因素对不同类型企业的影响也可能有很大的不同。本书利用 2000—2007 年的中国企业数据，从多个维度实证分析市场化程度的提高对中国企业出口二元边际、出口产品多样化以及出口持续时间的影响，得到了丰富的经验分析结果。这对我们准确评估以往市场化改革的效果、进一步探索制度改革的方向和措施等具有重要的参考价值。

## 二、本书的难点

### （一）微观数据的处理

本书将选取 2000—2007 年的中国工业企业数据库、中国海关进出口数据库就市场化对中国企业出口的二元边际、出口产品多样化以及出口持续时间的影响进行实证考察。由于数据库中企业样本量巨大，在处理数据时可能比较繁杂。特别是本书的研究中还涉及中国工业企业数据库与中国海关进出口数据库的匹配。由于两个数据库中的企业代码采用的是两套完全不同的编码系统，如何才能匹配上尽可能多的企业，提高匹配质量以减少样本损失将是本书在进行数据处理中的一大难点。

### （二）内生性问题的处理

在本书的研究中，市场化可能是一个内生变量。这主要是因为，一方面，从现有的相关文献来看，众多学者均表明，制度质量与国际贸易二者息息相关，制度质量是影响一个国家或一个地区出口贸易的重要因素。另一方面，出口贸易的发展也可能会对该国的制度环境有一定程度的影响。许多研究文献均已证实，对外贸易是影响一个国家或一个地区制度安排的重要途径。随着出口贸易的发展，其在促进经济增长的同时，有可能会通过减少寻租行为、强化产权保护等途径，来倒逼该国或地区制度环境的完善。为了降低模型中存在的内生性问题所带来的估计偏误需要对其进行控制，而解决此问题的一个有效方法就是寻找市场化的工具变量。如何为市场化变量寻找到有效的工具变量，以很好地控制实证研究中的内生性将是本书的第二个难点。

# 第二章　文献综述

从当今社会经济发展的现实情况以及学者们的相关研究来看，基于有形生产要素投入作为核心内容的古典经济增长理论并不能够全面地解释一个国家或一个地区的经济增长以及经济增长方式的转变。为此，随后发展的新古典经济增长理论的一个突破就是强调由知识或人力资本所引起的技术进步对经济增长所发挥的决定性作用。但是，众多学者却对此提出异议，认为技术进步只是经济增长的表现形式或其本身，并不是经济增长的源泉（North 和 Thomas，1973；North，1990）。1937 年科斯提出交易费用以来，新制度学派与新古典学派就针对经济增长的根源问题展开了激烈的争论。其中，North（1981、1994）通过研究发现制度安排以及制度结构对总产出水平以及个体行为最优化都具有重要作用。Knack 和 Keefer（1995）也指出，有效的制度如产权保护制度以及民主政治约束等对经济增长发挥着决定性作用，通过制度约束、技术进步以及物质资本积累，经济可以实现有效率的高速增长。李建伟（2017）指出，作为要素流通和资源配置重要途径的农村金融，乃至整体金融的发展是影响城乡收入差距的重要因素，金融层面提出了比传统金融认知更进一步的“普惠金融”概念，这种制度安排的重要目的就是缓解农民融资困境，消除“金融排斥”，使农村经济主体能获得更多投资及增加收入的机会，改善我国城乡收入分配失衡现状。如今，我国普惠金融发展已经进入新阶段，普惠金融逐渐从一个金融发展的框架性理念上升为国家层面的金融发展战略，“大力发展普惠金融”连续出现在 2015—2016 年“两会”的政府工作报告中，可见普惠金融已经正式进入“顶层设计”框架。

制度是一系列能够对经济运行过程中的生产、交换与分配的法律、政治、经济以及社会的规则，是支配各经济单位之间进行合作或者竞争的规则（North，1981）。新制度经济学的一个突出贡献在于它将传统理论模型中的制度这一外生变量内生化，将制度以及制度变迁因素加入现代经济增长的理论模型中，强调了制度作为重要的解释变量在经济体的经济增长过程中扮演着关键性角色。新制度学派破除了新古典经济增长理论中关于制度外生的假定，开辟了经济学研究的新视角以及新领域，并将制度因素看作是除技术水平、资源禀赋以及需要偏好以外的第四大基柱，重点强调了在经济行为中制度因素所发挥的重要作用（卢现祥和朱巧玲，2006）。

制度决定论的观点认为，人类社会的一切生产活动以及个体经济行为，都可以在制度的框架下进行研究，微观个体的经济行为、要素以及经济发展都会受到制度的制约和影响（郭明星等，2008）。只有良好的制度安排才能够激发并激励人们的投资和交易行为，社会资源才能得到最优效率的配置。近年来，随着制度经济学的发展，越来越多的文献开始强调制度因素是经济体之间经济绩效存在差异的重要形成原因（Porta 等，1998；Acemoglu 等，2001）。李建伟（2017）在测算中国 30 个省份普惠金融发展程度的基础上，通过实证分析发现，大部分省域普惠金融的发展对缩小本省域城乡收入差距具有显著的作用。事实上，制度环境不仅在一个国家或一个地区的经济增长中扮演着十分重要的角色，而且会对经济体的比较优势以及贸易结构产生重要影响。当前，众多国内外学者开始就制度与国际贸易二者之间的关系进行研究，形成了国际经济学领域中一股新的研究热潮。在此背景下，本章将系统梳理制度与国际贸易的关系，以期为后文的实证分析奠定好理论文献基础。由于本书的研究重点是市场制度对企业出口行为的影响，重点关注企业的出口倾向和出口规模、企业出口产品的多样化以及企业出口持续时间，因此本章将分为三个部分对已有相关文献进行梳理；第一节是关于制度与一个国家或一个地区贸易比较优势关系的文献梳理；第二节是出口产品多样化的相关研究；第三节则是贸易关系持续时间的相关研究。

## 第一节 制度与国际贸易的比较优势

与技术差异和要素禀赋差异的分析类似，越来越多的研究表明，制度差异是影响经济体之间贸易绩效存在差异的重要因素，良好的制度环境是一个国家或一个地区贸易比较优势的重要来源。早在 1990 年，North 就从历史演化的角度考察了制度对国际贸易的影响，认为制度启动贸易，欧洲发达的国际贸易与其良好的制度环境密切相关。Dollar 和 Kraay（2003）利用世界各国的截面数据分析发现，制度质量和国际贸易二者之间呈现出显著的正相关关系，制度质量高的经济体其对外贸易规模也大，能够更快地推动经济高速增长。随后，Levchenko（2007）的研究也发现制度在一国贸易比较优势的形成中扮演着重要角色，发达经济体能够从良好的制度环境中获得出口贸易比较优势，而发展中经济体则可能会由于不完善的制度环境而损失一些利益，从而不利于本国经济的发展。国内学者中，谢孟军（2013）认为，良好的制度环境能够对人的行为活动形成一种有效的激励机制，提高人的创造性和工作积极性，通过资源的优化配置可以降低市场交易的门槛，而那些不够完善的制度设计则会增加市场交易的成本，进而会阻碍国际贸易的进展。

通过对已有相关文献的研究，本书发现制度对一个国家或一个地区国际贸易比较优势的影响机制主要有三条途径，即制度可以通过降低不确定性和交易费用、激励企业进行研发创新、优化资源配置来促进出口。

### 一、降低不确定性和交易费用

受制于分析工具，以往的国际贸易理论都忽视了一个重要事实——相较于国内交易，进行跨国贸易可能会更容易受到机会主义的干扰。Rodrik（2000）认为，进行跨国交易会存在大量的交易成本，其中引致高交易成本产生的最显著原因就是合约执行问题，合约实施与国家主权纠结在一起，会导致在进行跨国交易时面临频繁增加的机会主义风险。因此，当企业所处的制度环境不完善时，它们所面临的“敲竹杠”风险增大，这会导致跨国公司更加偏向于选择将交易“内部化”，进行公司内贸易以抵消制度质量不佳所带来的不确定性和风险。Hart 和 Moore（1990）也指出，由于契约的不完全性，会引致事前的专用性投资无法在契约中明确写明，因此在事后的谈判中投资方就有可能面临着被“敲竹杠”的风险，最终会导致投资的无效率。根据诺斯的观点，良好的制度可以降低这一风险，他认为制度最主要的功能就是通过内部和外部这两种强制力来制约和规范人的行为，防止在交易过程中出现机会主义行为，继而减少交易的不确定性，通过帮助交易行为的主体形成稳定的预期来降低交易成本。

作为新制度经济学的核心，交易费用在经济活动中是普遍存在的。正是因为交易费用的存在，而不是新古典经济学派中关于“交易费用为零”的假定，新制度经济学才与新古典经济理论不同。按照新制度经济学的研究观点，制度可以降低交易费用，或者是转型成本①（North 和 Wallis，1994）。在以往对制度与国际贸易关系的相关研究中，大部分文献都是从契约执行的角度进行分析的。完善的契约实施制度可以降低契约的不完全性，避免或缓解机会主义、道德风险等不确定性问题，进而深化劳动分工和先进技术的使用，促进劳动生产率的提高，最终影响经济体的比较优势和贸易模式（Acemoglu 等，2007）。Anderson 和 Marcuiller（2002）研究指出，由政府腐败以及合约不履行所造成的交易不安全会减少贸易规模，在这一过程中，交易的不安全性可以像关税一样有对产品进行价格加成的作用。De Groot 等（2004）发现更好的制度往往都伴随着更大规模的贸易。由于一国更倾向于与本国制度安排相近的国家展开对外贸易以降低交易费用，因此相似的制度框架能够增加双边的贸易流量。而在对非正式制度的研究中，Den Butter 和 Mosch（2003）在选取两国所使用的语言、法制制度、共同边界以及是否有双边贸易协定等指标来刻画两国信任度的基础上，采用贸易引力模型对 25 个国家的贸易数据进行了分析，结果发现信任这一非正式制度也能够显著降低贸易双方的交易费用进而促进国际贸易的开展。

① 转型成本是指经济系统中除交易费用以外的成本，即生产成本。

国内学者中，杨小凯和张永生（2001）也指出，国际贸易中交易费用的大小主要取决于各国的制度质量。基于制度可以减少交易费用以及降低不确定性的视角，潘向东等（2005）实证分析了进口国的制度安排对国际贸易的影响，并得出结论：进口国的制度（包括法律法规、产权保护和贸易政策等）能够显著影响出口国高新技术产品的出口。潘镇（2006）的研究发现，不良的制度设计增加了交易的不确定性，从而对国际贸易的顺利开展不利。并且，两国之间的制度背景差异需要贸易伙伴国支付额外的费用以搜集信息、了解当地市场，因此制度差异会阻碍双边贸易。通过对比制度本身和制度差异对贸易的影响，他还发现制度本身对贸易的影响要大于制度差异的影响。

## 二、激励企业进行研发创新

根据新制度经济学派的理论观点，制度是为了决定人们之间的相互关系而设定的一系列规则，决定着各种经济活动和经济关系的开展，也为企业的生产经营行为提供相应的激励机制。制度环境对企业的战略决策具有重要影响，不同的市场结构对企业的创新激励作用不同。Huang 和 Xu（1998）认为，一个具有软预算约束的集权经济体会阻碍创新。具体而言，在高度集权化的经济体内，软预算约束的存在会使企业家将创新资源更多地投向寻租领域，这会导致创新投入与创新绩效的减少。但是，相较于集权经济体，由自由市场经济所带来的丰厚的创新回报和市场竞争压力则会激励企业进行研发创新（Baumol，1990）。蒋殿春和张宇（2008）也指出，当市场制度不够健全以及竞争机制不够完善时，市场中企业的利润则会决定于许多非经济因素，技术因素的重要性远远不及成熟市场那么高。对中国而言，由人为行政划分所形成的市场分割和部分生产要素的政府垄断严重阻碍了竞争机制作用的发挥，官员腐败和寻租现象普遍，致使与政府的关系就成为企业获得利润的重要手段。在这样的制度背景下，技术所能实现的市场价值较低，由此导致企业缺乏更新自身知识和技术的有效激励。这也与孙早等（2014）的观点一致，他们指出在市场化程度高的地区，政府干预会减少，市场调节经济运行的效率会越来越高。此时通过市场可以对新技术与新知识进行合理定价，从而有效激励企业进行技术吸收和模仿并提升自身的研发能力。

研发是企业提升自身生产效率的重要途径，但是由于研发创新活动的孵化期和回报期的时间较长，并且具有很大的风险和不确定性，如果所处的制度环境良好，则能够确保企业或者通过相关研发成果的转让来直接套现，或者通过将研发成果商业化后获得超额利润，进而保护企业获得研发收益（蔡地和万迪昉，2012），这会使企业更有动力进行各种创新活动。Wakasugi 和 Ito（2009）指出，国家或地区内知识产权保护水平的提升能够显著促进技术转移。此外，一般而言，从新产品的开发和实验、试生产，再到最终形成规模生产和销售，这一完整的产品创新周期的每一个阶段都需要大量的资金投入，若得不到相应的资金支持，则可能会导致企业研发的失败。因此，企业所在地区的金融发展水平也会对其自身的研发投入和技术创新产生关键性影响。Canepa 和 Stoneman（2008）、Mohnen 等（2008）研究发现，即使在一些发达经济体，外部融资约束也是制约企业增加研发投入的关键要素。在金融制度环境良好、金融发展水平较好的地区，企业的融资成本较低，会刺激企业进行研发创新活动。

## 三、优化资源配置

Restuccia 和 Rogerson（2004）指出，政府在税收和财政补贴方面对国有企业的优惠政策使得不同的企业所面临的产品和要素的价格存在差异性，由此引发的资源误置问题会造成巨大的产出损失。Hsieh 和 Klenow（2009）认为制度环境的改善能够推动企业之间要素配置效率的提升。他们通过对中、美两国企业的 TFP 离散程度分析后发现，中国企业之间的资源存在严重的误置问题，其程度远远高于美国企业。如果能够通过改善制度环境成功解决这一问题，中国总体的 TFP 将会提升 30%～50%。李建伟（2017）认为，传统金融系统会导致城乡金融资源配置的不均衡。同样的，Buera 等（2009）指出，金融体制存在摩擦会引起资源误置问题，使生产要素不能从低效率企业向高效率企业配置，最终降低整个社会的总体生产率水平。国内学者中，马光荣（2014）的研究也发现，中国在进行市场化转型过程中，制度环境的改善可以促进企业内部与企业之间资源的优化配置，进而显著提升企业的生产效率。李建伟（2017）指出，农村金融的发展通过储蓄、配置资源等功能的发挥来推动农村地区的经济增长。

基于市场分割的视角，张军（2007）指出，市场分割会制约生产要素、产品以及服务甚至是思想的传播范围，破坏经济与技术的融合。刘洪铎等（2013）考察了市场化转型对中国出口技术复杂度的影响，研究发现地区市场分割的存在不利于自身出口技术复杂度的提高，并且区域市场分割的持续时间越长，对出口技术复杂度的遏制作用就越明显。而相反，市场一体化可以充分发挥市场机制对要素资源的优化配置作用，能够促进区域比较优势的发挥以及专业化分工的形成。然而，也有学者对此提出了不同的观点。朱希伟等（2005）认为，中国的出口贸易之所以会呈爆炸式增长主要是因为中国国内存在严重的市场分割。由于处在转型期的中国所具有的一系列制度的不完善，如地方保护和进入壁垒所导致的严重市场分割，使得企业进入国外市场的成本要明显低于企业在本国其他地区进行销售的成本，因此大量企业不会在国内市场销售，而是选择出口。但张杰等（2008）却认为朱希伟等（2005）的结论无法解释在国内市场越来越趋于一体化以及市场分割逐渐被消除的背景下，中国的出口规模依旧保持迅速增长的现象。他们认为，相对于国内市场分割，缺失社会信用和产权保护制度缺位可能才更具有解释力。

以上文献表明，制度可以通过降低不确定性、激励研发创新以及优化资源配置（李建伟，2017）等效应对一国的对外贸易产生重要影响。然而，也有学者指出，制度对国际贸易的影响除了与国家的制度质量有关，还取决于国内经济行为主体的制度依赖程度。Kletzer 和 Bardhan（1987）在 H-O 贸易模型的基础上加入金融因素对国际贸易进行了研究，发现除了传统贸易理论中的劳动生产率以及生产要素，金融发展水平也会对一个国家或一个地区的国际分工模式的选择以及对外贸易的开展产生重要影响，并且那些金融体系较为完善、信贷约束较低的国家或地区会在对外源融资依赖度较高的部门实现更好的专业化。Beck（2002）在对 56 个国家的行业贸易数据进行分析后也得出了相同的结论，即在金融市场更为完善的经济体中，对外源融资依赖型的行业通常占有更高比重的贸易份额并且会形成更大的贸易顺差。在对合约实施制度的研究中，Berkowitz 等（2006）指出，由于复杂产品通常具有高度的差异性，它们的许多特性都无法在合约中完全写明，而高质量的制度可以防止由于复杂性产品合约实施的困难所造成的出口商违约。因此，对于出口国来说，良好的法治制度可以提高复杂性产品的比较优势，而进口国的制度环境对于简单性产品的国际贸易具有重要作用。Nunn（2007）发现，对于依赖于特定关系型投资的那些行业（即契约密集型行业，多为现代生产型服务行业及技术密集行业）而言，完善的交易合约实施环境可以缓解甚至避免因双边锁定所造成的投资不足问题，进而可以减少这些行业发展的制度成本并获得出口比较优势（Ranjan 和 Lee，2007）。不过，对那些制度尚需完善的发展中经济体，契约密集度低的产业由于受制度环境的制约较小，可能更具有出口比较优势（Levchenko，2007）。

国内学者中，李坤望和王永进（2010）选取中国省际 28 个行业的数据实证分析了地区契约执行效率对出口绩效的影响效果。他们强调了契约执行效率对中国出口贸易比较优势的决定作用，并且伴随着地区契约执行效率的提高，契约密集度高和物质资产专用性高的行业在生产以及出口中所占的比重会增大，但是对于高人力资产专用性的行业来说，契约执行效率的改善却不利于这类行业的出口。

## 第二节　出口产品多样化的相关研究

传统国际贸易理论观点认为，国际贸易的利得主要来源于由专业化生产与分工所形成的资源优化配置效率的提高，持该理论的学者认为，通过资源由效率低的部门转移到效率高的出口部门，出口的集中与专业化更能够发挥该地区或行业的比较优势，从而引致生产效率的提高和经济的快速增长，因此一国应该集中、专业化生产并出口那些在本国具有显著比较优势的产品。然而，也有学者通过研究指出，出口的专业化对产出增长的影响效果会由于部门的不同而存在较大的差异性，如果在“正确”的部门对产品进行专业化生产并出口则能够促进该国的产出增加，但是如果在“错误”的部门对产品进行专业化生产并出口则不利于该国的经济增长(Hausmann 等，2007)。20 世纪 70 年代后期，由于产业内贸易、FDI 以及区域经济合作等实践的快速推进，以美国经济学家 Krugman（1979、1980、1981）等为首的众多研究者开始将产业组织理论以及市场结构理论纳入国际贸易领域，通过引入规模经济、垄断竞争以及差异性产品等范畴，将国际贸易利得的来源扩展到规模报酬的递增以及产品的多样化等。其中，产品的多元化是提升消费者福利水平的重要因素，产品多样化的纳入进一步丰富了国际贸易理论以及经济增长理论，对二者的发展都带来了深远影响。近年来，随着贸易数据可获得性的提高，众多学者开始对出口产品多样化进行相关研究。本部分将对产品多样化概念的界定、产品多样化的测度方法以及出口产品多样化水平高低的影响因素这几个方面的相关文献进行梳理，以期为后续的实证分析打好基础。

## 一、产品多样化概念的界定

截至目前，关于产品多样化的内涵，理论界尚未给出一个统一的定义，不同的学者对产品多样化概念的界定不同。Lancaster（1992）认为，从市场营销的角度来看，产品的多样性是指某一个特定的产品组中一定数量的不同产品。例如，在同一个部门中那些具有不同品牌或者是不同式样的产品。而从经济学的角度来讲，由于单个消费者追求消费的多样化，不同的消费者之间由于具有不同的偏好而需要消费不同的产品，因此厂商就可以通过创新生产一些不同式样的产品或者是与其竞争厂商的产品存在差异性的产品来满足消费者的这种多样性偏好，并增加自身的利润。Bils 和 Klenow（2001）认为产品多样化的范围很大，产品多元化不仅是指已有产品在样式上的改进、特性上的创新以及已有式样产品质量的提升，当新式样的产品不能完全取代已有式样时，这种完全意义上的新产品种类的增加也属于产品多样性。Broad 和 Weinstein（2004）认为，产品多样化可以包括宏观层面的产品多样化、中观层面的产品多样化以及微观层面的产品多样化三个方面。从宏观层面来看，产品多样化是指一个国家或一个地区所有产品的种类数目；从中观层面来看，产品多样化是指一个国家或一个地区内某一行业的产品的种类数目；而从微观层面来看，产品多样化是指一个厂商的不同品牌或者不同式样的产品。

此外，也有学者基于特定国家的产品贸易流来定义产品的多样化水平，并将其分为水平层面的产品多样化和垂直层面的产品多样化。其中，水平层面的产品多样化不单单是指产品种类范围的扩大，还包含不同产品在比重方面的合理分布。例如，Imbs 和 Wacziarg（2003）就将水平层面的产品多样化定义为“所有产品的比重趋近于某一特定分布（例如，均等分布）”。而垂直层面的产品多样化是指所生产的产品的质量以及技术有所提升，包括初级产品和低技术含量的产品向工业制成品和高技术含量的产品转变（Herzer 和 Lehnmann，2006）。

## 二、出口产品多样化水平的度量

产品差异性概念提出后，众多经济学家开始采用多种指标对产品的多样化水平进行度量。最早从理论上对产品多样化水平进行测度的指标大多是基于间接层面，例如，Hotelling（1929）采用产品之间的空间距离来度量产品的差异性，认为任何一种产品在产品特征空间上均具有唯一的一个位置，如果两种产品在产品特性上相距的距离越远，则表示这两种产品之间的差异性越大。Hufbauer（1970）假设出口产品的多样化与价格分布呈正相关关系，指出可以用一个国家或一个地区所出口产品单位价格的标准差与产品单位价格均值的比值来度量出口多样化。然而，由于产品价格容易受到贸易结构和运输成本的影响，因此其度量方法受到了诸多质疑。Owen 和 Wren-Lewis（1993）以及 Muscatelli 等（1995）均提出可以使用投资额占比作为衡量一个国家或一个地区产品种类的代理指标。他们认为，一个国家或一个地区投资额的多少代表着该经济体投入到产品中的资源的多少，而产品的多样化水平又与资源的多少呈正相关关系。此外，还有学者采用产出、研发投入等变量作为衡量产品种类的代理指标。

尽管以上这些对产品多样化的间接度量可以在一定程度上表明产品多样化水平的高低，但是这种间接度量容易受到外部因素的干扰，并不能够准确地测度一个国家或地区的产品种类数，因此这些间接指标并没有得到学术界的广泛应用。还有学者采用直接计数的方法来衡量，但是这种方法受到产品分类标准的影响较大，并且简单地把出口较少的产品类别与出口量较多的产品种类等同对待，并不能准确地反映经济体的出口多样化程度。

近年来，随着细分贸易数据可获得性的便利，关于出口产品多样化水平的测度变得相对更加容易。由于关于出口多样化概念的界定不同，导致多样化的测度指标也存在多样性。从目前来看，最为常用的测度出口产品多样性的方法概括起来主要有以下三种：Feenstra 指数、出口集中度、出口的扩展边际，这三种方法分别从不同角度对出口产品的多样化水平进行了测度，具体来看：

**（一）Feenstra 指数**

Feenstra（1994）在 CES 效用函数的基础之上，基于产品净增加的视角（即综合考虑了一个经济体在两个不同时期内新增加的产品与已有产品的消失），提出了一个可以衡量产品多样化水平高低的相对指标。具体而言，他计算了一个国家或地区于两个不同时期在共同种类产品上的出口贸易额与这两个不同时期在所有种类产品的出口贸易额的相对比值，用该相对比值来衡量这一国家或地区的产品种类的相对变化。具体公式为：

$$\triangle PV_{t,\ t-1} > 0 = \ln\left(\frac{\lambda_t}{\lambda_{t-1}}\right)\text{，其中 } \lambda_t = \frac{\sum_{i\in I} p_{it}x_{it}}{\sum_{i\in I_t} p_{it}x_{it}}\text{，}\lambda_{t-1} = \frac{\sum_{i\in I} p_{it-1}x_{it-1}}{\sum_{i\in I_t-1} p_{it-1}x_{it-1}} \tag{2.1}$$

式中，$\triangle PV_{t,t-1}$表示在 $t$ 期与 $t-1$ 期之间一个国家或一个地区所出口的产品种类的相对变化，$i$ 为产品种类，$I$ 表示该经济体在 $t$ 期与 $t-1$ 期内共同的出口产品种类的集合，$I_t$ 表示该经济体在 $t$ 期所出口的所有产品种类的集合，$I_{t-1}$表示该经济体在 $t-1$ 期所出口的所有产品种类的集合。$p$ 表示所出口产品的价格，$x$ 表示所出口产品的数量。$\lambda_t$ 为 $t$ 时期集合 $I$ 产品的出口总额占集合 $I_t$ 产品出口总额的比重，也即 1 减去在 $t$ 时期新产品出口总额占所有产品出口总额的比值来表示。如果在 $t$ 时期存在着大量的新产品出口，$\lambda_t$ 的值将会减小。因此，当 $\lambda_t<\lambda_{t-1}$时，有$\triangle PV_{t,t-1}<0$，这意味着在此时期新增加的产品数量多于上一期新增加的产品种类，即该经济体的出口产品种类在整体上是增加的。相反地，当 $\lambda_t>\lambda_{t-1}$时，有$\triangle PV_{t,t-1}>0$，意味着该经济体出口产品种类的减少。

这一度量产品多样化的指标得到了广泛应用，但是该度量方法存在一个弊端，即产品种类的变化容易受到出口额的影响。由于 Feenstra 指数中的产品贸易额采用的是该国或地区当年的贸易额，所以即使当该国或地区的出口产品种类没有发生变化，仅仅是增加了原有种类产品的出口数量时，反映在该指标上可能也会造成产品种类增加的假象。因此，如果用 Feenstra 指数来测度某一经济体的出口产品多样化水平，则可能会存在一定程度的误差，不够准确。

**（二）出口集中度**

出口集中度的测算主要是用来反映所出口产品的比重的分布状况，经常使用的测算指标有赫芬达尔指数、基尼指数以及泰尔熵指数。这些指标取值的大小除了受出口产品种类范围的影响，还受到产品比重是否分布均匀的影响。当一个国家或一个地区所出口产品的种类越多，比重分布越均等时，该指数取值越小，说明该经济体所出口产品的多样化程度较高。反之，则说明出口仅依赖于少数种类的产品，多样化程度较低（陈蓉和许培源，2014）。下面以广泛使用的赫芬达尔指数为例作详细介绍。

赫芬达尔指数最初被产业组织研究文献中用来测度市场集中程度，后来被广泛用来描述某个变量的分布特征。标准化的赫芬达尔指数的计算公式为：

$$H_{it}=\frac{\sqrt{\sum_{j=1}^{n}\left(\frac{x_{ijt}}{X_{it}}\right)^2}-\sqrt{\frac{1}{n}}}{1-\sqrt{\frac{1}{n}}} \tag{2.2}$$

式中，$H_{it}$表示 $i$ 地区在 $t$ 年的出口专业化程度，其取值在 0 到 1 之间。$x_{ijt}$表示在 $t$ 年，$i$ 地区 $j$ 行业的出口额，$X_{it}$表示 $i$ 地区在 $t$ 年的出口总额。$n$

表示地区内所出口的行业的数量。当赫芬达尔指数的取值越接近 1 时，表示该地区出口越集中，其出口专业化程度越高，反之，当该指标取值越接近 0 时，表示该地区的出口多样化程度越高。

赫芬达尔指数的取值对产品的分类标准较为敏感，如果采用产品种类细分程度越高的数据，计算出来的出口产品的多元化水平就越准确。在国际贸易领域研究出口产品多样化水平的相关文献中，通常利用一个国家或一个地区细分的出口产品种类的统计数据来进行度量，如国际贸易商品的标准分类（*SITC*）、海关进出口商品编码（*HS*）等。

**（三）出口贸易的扩展边际**

根据以 Melitz（2003）为首的异质性企业贸易理论的观点，经济体的出口贸易增长可以划分为两个部分，即在集约边际层面上的增加和在广度边际层面上的扩张。出口的集约边际是指一个国家或一个地区其出口的增加主要来自在现有出口企业保持不变的前提下，沿着已有产品和市场方向的出口额的增加。而出口贸易的广度边际则是指相对于现有的那些出口企业，有新加入的企业进入国外市场，或者是那些现存的出口企业所出口的产品在种类范围或者在市场范围上有所扩张。对此，Hummels 和 Klenow（2005）提出了测算这两种出口边际的方法。$j$ 表示出口国，$k$ 表示参照国，如果 $j$ 国所出口产品的集合是参照国 $k$ 国所出口产品集合的一个子集，那么该国出口的集约边际以及扩展边际可以表示为：

$$IM_{jm} = \frac{\sum_{i \in I_{jm}} p_{jmi} x_{jmi}}{\sum_{i \in I_{jm}} p_{kmi} x_{kmi}}, \quad EM_{jm} = \frac{\sum_{i \in I_{jm}} p_{kmi} x_{kmi}}{\sum_{i \in I_{km}} p_{kmi} x_{kmi}} \tag{2.3}$$

式中，$IM$ 表示 $j$ 国的出口集约边际，$EM$ 表示 $j$ 国的出口扩展边际，本部分重点分析出口扩展边际的计算。对于参照国 $k$ 的选取来说，以世界作为参照整体以确保出口国 $j$ 国所出口的产品集合是参照国 $k$ 国所出口产品集合的子集。$m$ 表示进口国，$I_{jm}$ 和 $I_{km}$ 分别代表出口国 $j$ 所出口产品的集合和世界 $k$ 所出口产品的集合。$p$ 和 $x$ 分别表示出口产品的单价和数量。因此，一国出口的扩展边际 $EM$ 可以理解为该国与世界所出口的相同种类的产品的世界出口额占所有种类产品的世界出口总额的比值。如果该扩展边际的取值越大，则表明该出口国所出口的产品与世界所出口的产品重叠的就越多，即该国的出口产品种类越多，出口多样化程度越大。相对于简单的直接计数法来说，此种方法能够很好地体现大的商品类别。但是，由于该指标认为每一类别产品出口的增加都是产品种类的增加，因此该指标可能会高估出口的多样化程度（卢姗，2009）。

## 三、出口产品多样化的影响因素研究

如果一个国家或一个地区只专业化于固定种类产品的生产并出口，那么随着世界经济中新种类产品的不断涌现，其所生产出来的产品在整个世界产品篮子中所占有的份额就会变得越来越少。因此，只有不断地研发和生产新产品，才可以确保经济体在世界经济中处于有利的竞争地位，维持其在国际市场中的市场份额（Saviotti 和 Frenken，2008）。并且，对一个经济体来说，不断研发创新并出口不同种类的产品有助于该经济体抵抗外部因素（如技术变革、贸易保护以及国外市场上消费者偏好改变等）的不利冲击，避免大的经济波动（Kalemli-Ozcan 等，2003）。Amurgo-Pacheco 和 Pierola（2008）也指出，单一的出口产品结构不仅不能满足国际市场上消费者多样化的消费偏好，而且会由于过度依赖少数种类的产品出口而对产品国际市场价格的波动较为敏感，致使贸易条件恶化从而降低国际竞争力，最终造成经济不稳定。

在开放的经济条件下，出口产品多样化是促进一个国家或一个地区经济增长的重要影响因素。20 世纪 80 年代，Chenery 和 Elkington（1979）首次考察了出口多样化与经济增长之间的关系，并提出了经济增长的结构模型，他们认为要想保持经济的持续增长，需要从出口初级产品向工业制成品转变进而实现出口的多元化。Feenstra 等（1999）在内生经济增长模型的基础上，选取韩国和中国台湾地区 6 个部门在 1975—1991 年对美国的贸易数据进行实证分析后发现，第一产业和第二产业出口产品多样化水平的提高对该国或地区的经济增长具有显著的促进作用。通过选取 1961—1988 年的多国面板数据，Al-Marhubi（2000）对出口多样化的经济绩效进行了考察，发现出口多样性指数每提升一个标准差将带动人均 GDP 增长率增加

0.5个百分点。国内学者中，韩剑（2009）在新古典生产函数框架下，选取1985—2006年的时间序列数据实证分析了中国出口多样化对其经济发展的贡献度，结果表明，虽然不及资本和劳动等要素投入对产出增加的贡献度大，但是出口多样化对中国经济的长期增长也具有显著的积极影响。

既然一个国家或一个地区的出口产品多样化对其经济增长具有重要影响，那么考察如何促进一个国家或一个地区出口产品多样化水平的提升就具有深刻的现实意义。关于产品多样化水平的影响因素成为一个值得研究的学术问题，众多学者对此进行了研究。

部分学者强调了贸易自由化对出口多元化水平的影响。所谓贸易自由化，是指各经济体通过贸易谈判，约束或取消关税，降低市场准入门槛，逐步实现各方之间在商品、服务以及生产要素方面的自由流动。Eaton和Kortum（2002）指出，两个贸易伙伴国之间的关税是影响一国出口产品多样化水平的重要因素。Feenstra和Kee（2007）考察了在加入北美自贸区之后墨西哥的出口产品结构，研究指出关税的降低显著促进了墨西哥出口产品种类的多元化。与之相反，Agosin等（2012）采用泰勒指数和基尼系数以及赫芬达尔指数对79个国家的出口产品多样化水平进行度量后，利用大样本数据的实证研究结果却表明，对外贸易开放度的提高对其出口产品多样化程度具有抑制作用。具体作用机制表现为，贸易自由化会降低贸易成本，这会促使该国专业化出口那些劳动生产效率较高或者密集使用富足要素的产品，因此贸易自由化可以促进出口产品专业化，而不利于多样化程度的提高。他们还得出结论：人力资本水平的提高对出口多样化具有积极影响。此外，Addison（2003）采用29个国家的出口贸易数据进行实证研究发现，出口产品多样化水平越低的国家或地区越有可能借助于增加本国的教育投资来增强国民的技术模仿能力，进而可以促进自身出口产品种类的增加。

还有学者从其他角度研究了出口多样化的影响因素。Feenstra等（1999）从企业集团结构的角度研究了其对出口产品种类的影响。通过比较韩国、日本和中国台湾地区不同的企业集团结构，他们发现越大的企业集团越倾向于出口较少种类的产品。Saviotti和Frenken（2008）研究指出，那些经济发展水平相对较为发达、位于技术前沿的国家其产品的多样化水平也往往较高，而那些没有新兴产品和服务生产的国家在技术水平和人均收入方面均要落后于其他国家。Parteka 和 Tamberi（2008）在一个包含国家固定效应的模型框架下，通过对 1985—2004 年 60 个国家的出口贸易数据进行分析发现，与主要贸易伙伴的空间距离是影响一国出口多样化水平高低最稳健的解释变量。一个国家或一个地区和主要市场的距离越小，越能促进该经济体的出口多元化。Cabral 和 Veiga（2010）采用逐步回归的方法，就 1960—2005 年撒哈拉以南的非洲地区内 48 个国家的制度质量、政治和经济因素对其出口产品多样化的影响效果进行了重点实证考察，研究结果表明，政府治理腐败的能力、政治公开透明度以及产权保护等方面都是影响出口产品多样化程度的决定性因素，并且影响方向显著为正。此外，经济体内人力资本水平特别是受过大学教育的劳动力对其出口产品多样化水平的积极影响也非常显著。Minondo（2011）从产品相似度的角度考察了一个国家或一个地区的比较优势对其出口产品多样化的作用效果，研究发现具有比较优势的生产要素相对更容易在其他产品的生产上进行重新分配，扩大产品的种类范围，从而提高出口产品的多样化水平。

以上文献大多基于宏观层面就出口多样化的影响因素进行考察，而随着新新贸易理论的兴起，众多学者开始将研究焦点聚焦于微观层面的企业出口新产品及出口新市场的开拓上来。相较于传统的垄断竞争模型，由 Melitz（2003）等开创的异质性企业贸易理论认为企业具有异质性，因此企业之间可以生产不同质的产品。企业的出口成本（包括高额的固定成本和可变成本）对企业的出口多样化具有抑制作用，但是提高贸易自由化水平不仅可以促进已有企业出口规模的扩张，还可以促进新企业进入国际市场，从而可以在整体上增加经济体所出口产品的种类。随后，Helpman 等（2008）对 Melitz 模型进行了拓展，也强调了企业出口的固定成本与其可变贸易成本对企业出口多样性的重要影响。Chaney（2008）通过构建一个多边不对称的异质性企业贸易框架来考察出口多样化的决定因素，研究发现经济规模、企业的生产效率、企业的员工工资以及多边阻力等是影响出口多样化水平高低的重要变量。

国内研究者中，许祥云（2009）选取中国1985—2006年在总体上以及6个制造业行业对美国的出口数据，实证考察了中国出口多样化水平高低的影响因素。结果发现从总体水平上来看，人均GDP水平和FDI存量对中国出口多样化水平的提高具有显著的积极作用。从行业水平上来看，行业外资资产额与行业的劳动生产率对行业的出口多样化影响显著。但是，其他的外部因素如加入WTO、美国的关税和汇率变动等对出口多样化的影响不大。钱学锋和熊平（2010）在企业异质性贸易框架的基础上，选取1995—2005年的HS-6位数编码的出口贸易数据，通过构建模型实证分析了中国与200多个经济体在多边层面上、中国与11个主要贸易伙伴经济体在双边层面上的出口集约边际和扩展边际的决定因素。实证研究结果表明，中国出口贸易的增长主要是由出口的集约边际来推动的，出口的扩展边际对中国快速增长的出口贸易贡献度较小，这一结论无论是对多边贸易还是双边贸易都是成立的。并且多边阻力、外部冲击如东南亚金融危机和“9.11”事件以及出口目的市场的经济发展水平等对中国出口扩展边际的影响系数均为正。

## 第三节　贸易关系持续时间的相关研究

近几年来，贸易关系的生存问题才得到学者的关注，是一个比较新的研究领域。从研究脉络上而言，出口贸易持续时间的研究起源于Hausmann和Rodrik（2003），他们认为发展中国家或地区缺乏“出口发现”和“自我发现”的能力。随后，Besedeš和Prusa（2006a）等从出口贸易持续时间的角度对发展中经济体中这种能力缺失的原因进行了分析，认为发展中国家或地区之所以不善于进行“出口发现”和“自我发现”，并不是因为它们不擅于构建新的贸易伙伴关系，而是不擅长维持并延续已有的贸易关系。Hausmann等（2007）和Schott（2008）则尝试从产品技术复杂度的视角来分析上述能力缺失的原因，他们认为是由于发展中经济体所出口的产品技术复杂度较低，对国际市场需求的控制能力不足所导致的。

近几年来，随着研究的深入，贸易关系的持续时间问题受到众多学者的关注，越来越多的研究认识到，贸易关系持续时间也是反映一个国家或一个地区贸易发展状况的重要维度。一个国家或一个地区的出口贸易增长除了可以通过已有贸易关系的深化以及新产品或者新市场的开拓来实现，延长出口生存时间也是重要途径之一。目前尚未有一个完整的理论框架来阐释贸易关系的存活时间问题，现有文献基本上都采用生存分析方法来刻画贸易关系持续时间的基本特征并对其决定因素进行分析。本节将从三个部分就贸易关系生存问题的相关文献进行系统梳理：一是贸易关系持续期的基本特征；二是贸易关系持续时间的非制度影响因素分析；三是制度对企业出口持续时间的影响。

## 一、贸易关系持续期的基本特征

出口贸易关系的持续时间从微观层面反映了企业的出口动态。传统贸易理论认为，贸易关系一旦确立，就会永久持续下去。但事实是，企业从事出口活动可能并不是一直持续的，存在频繁地进入与退出国际市场（陈勇兵等，2014）。Dzhumashev 等（2011）和 Namini 等（2011）研究指出，一般来讲，国外市场的竞争程度要比国内市场更为激烈，这对于刚刚进入国外市场的出口企业来说，出口行为往往会增加企业的不稳定因素，使得相对于非出口企业，出口企业面临更大的倒闭危机（Giovannetti 等，2011）。这意味着，大量企业的出口存活时间都较短，仅有少部分企业在进入国外市场以后可以将出口行为持续下去。较多文献通过研究也发现，虽然一个国家或一个地区总的贸易规模在不断扩大，但是贸易关系的持续时间一般都很短暂。Besedeš 和 Prusa（2006a）首次通过生存分析模型研究了 1972—2001 年美国进口贸易的生存问题，研究发现国际贸易比预想的更具有活力。美国进口贸易的平均持续时间仅为 2~4 年，超过半数的贸易关系仅能维持一年，大约 80%的贸易关系维系时间低于 5 年。并且，贸易持续时间具有负的时间依赖性，即如果一个国家能够在前几年的出口市场生存，则其在随后的时间向美国出口而失败的概率就很低，可能会持续出口。部分文献也证实了贸易关系对时间的负向依赖性，并指出这种时间的负依存性是一种典型的门槛效应，即一旦建立并维系超过几年，贸易关系就会倾向于持续更长时间。其中，Esteve-Pérez 等（2007）的研究发现，西班牙企业的出口维持时间在 4~5 年之后再停止出口的概率会显著降低。Obashi（2009）采用东亚国家—产品层面的数据进行分析后发现，伴随着贸易合作关系时间的增加，贸易关系失败的概率逐渐下降（Brenton 等，2009）。

Eaton 等（2007）对哥伦比亚国家的出口数据进行分析后，发现超过一半的出口企业都是新进入的企业，并且大多数新进企业都会在下一年退出出口市场。Nitsch（2009）对德国进口贸易的持续时间进行分析后发现，大多数的贸易关系都非常短暂，只能维持 2~3 年。Besedeš 和 Blyde（2010）的事实性描述不仅证明了贸易关系的普遍短暂性，还发现贸易关系的持续时间在不同国家存在显著差异。在拉丁美洲，出口贸易关系维持 1 年的占 48%，5 年之后还存在的仅占 19%，拉丁美洲国家企业的这种出口存活率要远低于美国、欧盟以及东亚地区，比这几个地区分别低 11 个、5 个和 6 个百分点。Hess 和 Persson（2011）利用 SITC4 位数产品的贸易数据发现欧盟进口贸易的生存时间也极为短暂，中位出口持续时间仅为 1 年，高达 60%的出口贸易关系第一年之后就停止了。他们认为这种较短的贸易关系可能是由于进口商会在不同产品供应商之中进行切换。从以上外文文献的梳理可知，无论是出口贸易还是进口贸易，贸易关系的维持时间都非常短暂，国际市场上存在大量的企业和产品的频繁、动态地进入和退出（Esteve-Pérez 等，2013）。即使采用不同的方法进行分析，这一现象也十分普遍。

面对世界经济的波动和不稳定性程度的提高，作为全球贸易的大国，中国出口企业的存活状况引起学者广泛的研究兴趣。随着新新贸易理论的兴起以及微观数据的可得性，考察中国出口贸易持续时间的研究文献也逐渐增多，并且大量研究均发现中国出口企业在国际市场上的存活期都比较短。通过将工业企业与海关数据库进行匹配，陈勇兵等（2012）选取 2000—2005 年企业—目的国层面的出口数据，实证考察了中国企业的出口存活问题。研究发现，在中国出口贸易大规模扩张的背后，中国企业的出口往往是不持续的或者持续时间非常短，出口平均持续 1.6 年，中位数是

3 年。蒋灵多和陈勇兵（2015）在对中国多产品企业出口生存的特征事实进行描述时发现，企业—产品层面的出口持续时间非常短，出口生存年份的中位值仅为 2 年。其中产品出口生存 1 年的概率是 0.5，持续出口 2 年的概率为 0.35，随着时间的推移，持续出口 4 年及以上的概率仅为 0.24。此外，何树全和张秀霞（2011）、林常青（2014）等研究发现，中国出口贸易的持续时间十分短，大量企业在出口 1 年之后就退出了国际市场。

## 二、贸易关系持续时间的非制度影响因素分析

传统国际贸易理论认为，一旦贸易关系成立，就会长久地维持下去。例如，要素禀赋理论认为要素禀赋的不同推动了国际贸易的发展，面对国家要素禀赋的稳定性，贸易关系也应该是相对稳定的。然而，随着新新国际贸易理论的发展和微观企业贸易数据的可获得性，关于企业进出口动态的现象被逐渐揭示出来。关于贸易关系持续时间的影响因素问题，已经不能再用传统的贸易理论来解释，基于此，众多学者从不同的角度对此进行了研究。

一般来说，国家的经济发展水平越高，双方贸易关系的存活期就越长。Besedeš（2008）的研究指出，进口经济体的人均 GDP 可以反映该国或地区的经济发展水平，其值越大，进口贸易的持续时间越长。从出口国的角度，Fugazza 和 Molina（2011）选取 1995—2004 年 96 个国家的跨国数据，通过扩展的 Cox 比例风险模型①分析了出口生存的决定因素。研究发现，出口国的经济发展水平越高，贸易关系面临出口失败的概率就越低。Shao 等（2012）考察了中国制造业的出口生存问题，选取 1995—2007 年中国 6 分位的 HS 产品贸易数据进行分析后也得到了相同的结论，即出口目的国的经济发展水平对中国出口贸易的持续时间具有积极影响。同时从进口国与出口国的角度，Obashi（2009）研究发现，进口国与出口国二者之间经济发展水平的差距也会显著影响贸易伙伴关系的持续时间，差距越

① Cox 比例风险模型：该模型将“生存时间”与“特定事件”两个因素结合在一起研究，目的是评估特定因素对生存的影响，使我们能够检查特定因素在特定时间点如何影响特定事件（例如，感染、死亡）的发生率。主要应用于连续时间生存分析。

大越有利于两国之间产品的生产分工，从而可以延长贸易关系的持续时间。

部分学者从贸易伙伴国之间地理距离的角度考察了其对贸易持续时间的影响。针对发展中经济体，Brenton 等（2009）采用详细的国家—产品层面的双边贸易数据就出口生存的影响因素进行了研究，结果发现贸易伙伴国之间的地理和文化联系是影响出口生存的重要因素。Nitsch（2009）也指出，贸易伙伴国之间相距越远，意味着运输成本越高。因此，如果与贸易伙伴国临近，则贸易的持续时间都会较长，而与内陆不发达国家或地区的贸易持续时间一般都较短。Nitsch 对德国 1995—2005 年 8 分位产品的进口贸易数据的研究也证实了这一点，那些来自经济规模较大、距离德国较近国家的产品向德国出口的时间均较长。此外，出口量较大、差异性产品如替代弹性较小以及德国有大量进口需求的产品也具有较长的生存时间。

贸易滞后模型指出，由于出口沉没成本的存在，企业在进入国际市场以后便不会轻易退出，从而可以维持较长的出口时间。基于此，部分学者从出口成本的角度诠释了贸易持续关系的影响因素。Esteve－Pérez 等（2007）对西班牙 1990—2001 年制造业企业的数据进行分析后发现，如果一段贸易关系持续存在了几年以上，那么它失败的概率就会大大下降。他们指出，造成这种现象的主要原因是出口沉没成本和出口学习效应的存在。一方面，相较于退出国际市场后再重新进入，企业在出口之后选择继续维持出口行为的决策可以避免未来重新进入国际市场时高额的沉没成本。另一方面，出口的学习效应能够使得出口商具有更高的技术，更了解竞争对手的产品特性和国外消费者的偏好，这些都有利于其降低出口失败的风险。Brenton 等（2009）认为，由于出口企业无法确切地知道出口目的市场的固定成本，因此大量生产率水平低下的企业在进入国际市场之后却发现其出口并不能获利，无法弥补这一高额的固定成本时，它们最终会选择退出。还有学者从信息搜寻成本的角度对此进行了研究，Rauch 和 Watson（2003）认为在初期，由于进口商对出口商的信息了解得并不完全，在不确定出口商产品生产能力的前提下只会进口少量的产品来判断是否可以与出口商建立长期的合作关系。当信息搜寻成本越高时，出口商的产品满足进口商标准的概率就越低，从而导致在初期的进口额就越小。但是，在初期进口额越大的话则贸易伙伴关系维持的时间就会越长。

此外，Besedeš 和 Prusa（2006b）从产品差异性的角度研究了其对美国进口贸易关系持续期的影响。研究发现，同质性产品进口失败的风险率至少要比差异化产品进口失败的风险率高出 23%。这说明，差异性越大的产品，其贸易关系持续时间越长。随后，Besedeš（2011）对 17 个转型经济体在 1996—2006 年的出口贸易情况进行分析后也得出了相同的结论。Wagner（2008）选取 1995—2004 年德国制造业部门的数据，就企业生产率与其出口动态行为的关系进行了研究。他发现，相较于持续出口的企业，生产率水平较低的企业更容易退出出口市场，并且初始生产率水平越高的企业越容易在出口市场上存活，并且持续的时间也较长（Esteve-Pérez 等，2007）。Besedeš 和 Nair-Reichert（2009）研究发现，由于老企业拥有丰富的经验与资源，因此出口持续时间较长。然而，Esteve - Pérez 等（2007）的研究却得出了相反的结论，企业的成立时间越长，其出口持续的时间越短。他们对此的解释是，相较于新企业，老企业一般都会有更多的出口市场，可以在不同的出口市场之间进行切换，从而减少了其在特定出口市场上的生存时间。

国内学者中，陈勇兵等（2012）实证考察了中国企业出口持续时间的影响因素，结果发现初期出口额以及企业自身的特征（生产规模、生产效率和成立年份）等都会显著影响企业的出口持续时间。毛其淋和盛斌（2013）从贸易自由化的角度分析了对中国企业出口动态的影响。研究发现，贸易自由化整体上可以降低企业退出国际市场的概率并延长其出口生存时间，并且对本土企业的延长效应更大。魏自儒和李子奈（2013）选用连续时间的 Cox 比例风险模型考察了企业进入出口市场的顺序对其出口生存时间的影响。研究发现，在进入国外市场的初期，相较于跟随企业，先锋企业具有更高的出口存活率，但是这种优势维持的时间较为短暂，此后随着跟随企业的进入，先锋企业的死亡率会迅速提高并超过跟随企业。相较于连续时间的 Cox 模型，蒋灵多和陈勇兵（2015）认为离散时间 Cloglog

生存分析方法更适合用来分析贸易关系的生存问题。基于此种方法，他们考察了企业内异质性产品视角下中国出口贸易的生存问题。研究发现，相较于边缘产品，核心产品的出口持续时间较长。此外，企业的全要素生产率、规模以及国际化程度，产品的种类和质量，行业的集中度以及技术更新程度等都会对出口贸易失败的概率产生重要影响。基于序贯决策模型，叶宁华等（2015）经过实证考察后发现，企业生产率水平的高低在其自身的出口行为中起着关键性的决定作用。

## 三、制度对企业出口持续时间的影响

随着新制度学派的兴起，关于制度质量与国际贸易的关系已经成为国际经济学领域的一个热点话题。众多学者通过研究发现，制度对国际贸易的制约力度可能会高于关税（Anderson 和 Marcoullier，2002；Belloc，2006；Chang，2011）。随着国际贸易生存问题的凸显，还有一部分学者从制度的角度研究了制度环境对贸易关系持续时间的影响效果，但是相关文献并不是很多。Araujo 和 Omelas（2007）在不完全契约的框架下构建理论模型，系统阐述了制度质量与企业出口生存之间的相关关系。该模型假设，出口商要想将产品销往国外，只能通过当地的代理商。当合约执行环境较差时，代理商会不顾长期利益而倾向于投机倒把甚至违约。在这种情况下，只有那些信誉良好的代理商才能得到出口商的信任，贸易额才会增加，贸易关系才能维持得更长久。因此，良好的合约制度可以降低出口的不确定性，进而降低企业的出口风险率。

Söderlund 和 Tingvall（2013）指出，从理论上预测的贸易模式与现实中的贸易发展二者之间是存在偏差的，制度性壁垒可能是解释这一偏差的重要因素。通过选取瑞典企业层面的出口数据，他们构建引力模型进行分析后发现，出口目标国家不良的制度会阻碍国际贸易的进行，其中商业规则和知识产权保护会显著影响瑞典企业的出口持续时间。Aeberhardt 等（2014）也发现，良好的制度可以缓解契约摩擦，并延长贸易关系的持续时间，并且这种作用对于契约问题比较大的部门尤甚。此外，企业的出口风险率会随着贸易伙伴关系的延长而逐渐下降。随后，Araujo 等（2016）通过采用比利时 1995—2008 年的微观数据进行实证分析的结果也证实了这一观点。这意味着，对出口企业来说，不良的契约制度不仅仅是额外的沉没成本或固定成本，它们还对企业在国外市场上的动态模式具有多方面的影响。

国内学者中，谭智等（2014）利用中国 2000—2005 年的企业数据从制度的角度实证分析了其对企业出口生存的影响。结果发现，目的国制度质量的提升对中国出口企业的生存概率具有显著的积极影响，但是却不利于中国企业的出口增长。采用 Cox 比例风险模型，吴晓怡和邵军（2014）从产品—目的市场的层面实证考察了金融发展水平对中国出口贸易持续期的影响。研究发现，扩大金融资产规模、增加信贷供给以及改善金融体系的运行效率均有利于产品出口持续期的延长。并且，金融发展水平的提升对外部融资依赖度低的行业的促进作用要大于融资依赖度高的行业，这一结论与中国金融制度具有偏向性息息相关。阳佳余和徐敏（2015）通过构造反映企业融资能力的综合指标，采用多项式选择模型研究了企业的出口模式问题，实证研究发现，在中国金融制度尚未完善的情况下，融资能力越强的企业其进行持续出口的概率越大，而选择间断性出口的概率越小。因此他们认为，作为经济转型时期的发展中大国，完善市场体系、提升企业融资效率，对中国出口贸易的平稳持续发展有着重要意义。

## 第四节　本章小结

制度经济学开创以来，越来越多的经济学家将制度看作除要素禀赋、技术进步和偏好之外的第四大支柱，强调了制度在促进经济增长中的重要作用。当然，高质量的制度也会对一国的对外贸易产生影响。随着新制度经济学的兴起与快速发展，近些年来关于制度因素与国际贸易关系的研究文献层出不穷，俨然成为当前国际经济学领域的研究热点与焦点。大量研究均认为，完善的制度作为一个国家或一个地区比较优势的重要源泉，能够对该国的出口贸易产生积极的促进作用。这对于我们理解制度质量与国际贸易的相关关系具有十分重要的参考价值和借鉴意义。但是，通过对制度与国际贸易关系的相关文献进行梳理，本书发现，目前大多数文献都是基于国别的宏观层面以及地区或行业的中观层面来考察制度环境与国际贸易的相关关系，而从企业微观层面考察制度对企业出口行为影响的文献还较少。作为经济活动的主体，如果忽略微观企业层面的出口行为，将无法对中国的出口贸易有深入、全面的了解。

此外，通过对关于企业出口产品多样化的相关文献梳理可知，目前少有文献基于制度角度考察其对一个国家或一个地区出口多样化的影响。而关于贸易关系生存时间的问题是一个比较新的研究领域，目前已有相关文献都集中于对一个国家或一个地区贸易关系特征性事实的描述，无论是理论模型还是实证检验都还处在一个起步阶段，而基于制度质量角度研究企业出口生存的文献更是少之又少。基于上述已有研究文献的不足，本书将研究视角集中在贸易大国的中国，选取 2000—2007 年的数据从企业层面实证考察市场化程度的提高对中国企业出口二元边际、出口产品多样化以及出口持续时间的影响，以期为我们准确评估经济体制改革的效果，为促进中国对外贸易的良性、稳定发展提供来自制度改革方面的政策建议。

# 第三章　中国出口贸易的事实分析

改革开放以来，中国从过去封闭的计划经济体制渐进地向开放的市场经济体制转变，经济制度的变革激发了经济行为主体的创造力和活力。经过 40 余年的改革开放，中国经济以年均超过 10%的速度高速增长，综合经济实力和国力都得到了显著提升，人民生活水平也得到了大幅度的改进，逐步实现了从宏观贫穷到温饱再到小康的跨越式推进。其中，作为中国经济增长重要推动力的出口贸易，也以前所未有的增长速度引起世界瞩目。本章将从宏观层面和微观企业层面来详细阐述中国出口贸易发展的典型事实，以期更全面地了解中国的贸易形势。

## 第一节　中国出口贸易总体概况

### 一、中国出口贸易规模

近年来，中国的对外贸易蓬勃发展，出口贸易总额一直处在世界前列。从图 3-1 中可以看出，2000—2014 年，中国的出口贸易总额保持了快速的增长。根据附表 2 可知，中国的出口贸易总额从 2000 年的 2492. 03 亿美元增加到 2014 年的 23423. 06 亿美元，短短十几年，出口总额扩大了近 10 倍。其中，中国出口总额占世界出口总额的比重也从 2000 年的 3. 86%迅速提高到 2014 年的 12. 33%。中国已经成为一个名副其实的大规模出口贸易国，在国际中的经济地位不断攀升，在世界经济发展中扮演着越来越重要的角色。然而，中国出口贸易的发展也并非是一帆风顺的。2008 年，由美国次贷危机导致的全球性经济危机对世界各国的经济发展都造成了重创，全球经济陷入低迷之中。为了保护本国企业免受来自国外企业的激烈竞争，世界各国政府纷纷筑起贸易壁垒，开始实施贸易保护主义措施，如设定高关税、实施进口配额、反倾销等措施，对进口产品进行打压。随着国外市场需求的下降以及愈演愈烈的贸易保护主义，中国的出口贸易遭受到前所未有的重创，出口总额大大减少。从图 3-1 可以看出，中国的出口总额在 2009 年出现大幅下滑。统计数据也显示，中国的出口总额从 2008 年的 14306. 93 亿美元迅速并且大幅度地下降到 2009 年的 12016. 12 亿美元，一年内缩水了 2000 多亿美元，出口贸易总额的增长率在 2009 年首次出现负数，为-16. 01%。由此可见，此次全球金融风暴所导致的经济萧条，对于外贸依存度极高的中国来说是一个沉重的打击，使中国深受其害。

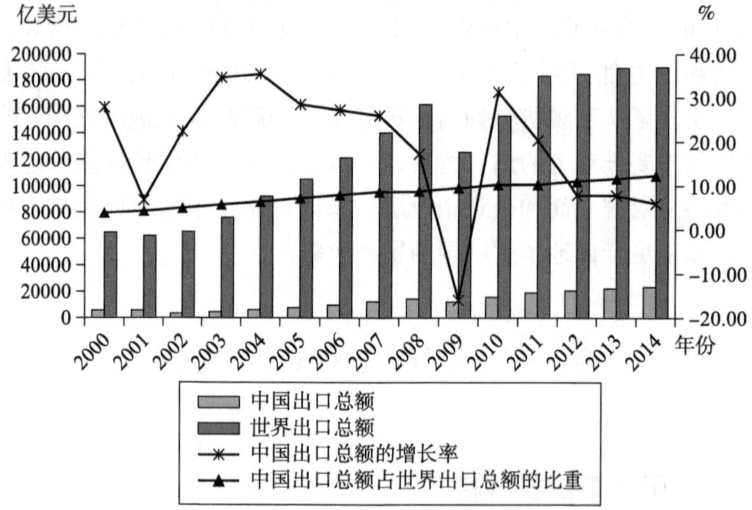


**图 3-1　2000—2014 年中国出口贸易的总体情况**

数据来源：联合国贸发会。

改革开放以来，中国以全球最大的人口规模实现了井喷式的高速经济增长。特别是近几年，中国的经济总量一直在迅速攀升。图 3-2 为 2000—2014 年中国的 GDP 以及出口依存度状况，从图 3-2 中可以看出，中国的 GDP 和出口依存度在整体上呈现出显著的上升趋势。附表 2 的数据也显示，中国的 GDP 总量从 2000 年的 11928. 36 亿美元迅速增加到 2014 年的 100666. 74 亿美元，在世界上的经济大国地位逐渐确立并稳固。与此同时，随着出口导向型经济发展战略的推进，中国的出口贸易也在迅速增长，这导致中国的对外贸易依存度一直居高不下。2000 年，中国出口贸易总额占中国 GDP 的比重为 20. 89%，到 2014 年，这一比重上升到 23. 27%。较高的对外贸易依存度在一定程度上反映出中国正在不断地融入世界经济发展的大浪潮中，国际化程度不断提升并上升到一个新高度。但是，过高的外贸依存度是一把“双刃剑”。随着出口贸易的快速增长，在给中国经济带来巨大发展动力的同时，我们也应该注意到，中国的出口贸易面临着巨大的困难与挑战。因此，对于像中国这样具有相当高出口外贸依存度的发展中经济体来说，提高自身的出口竞争力、调整出口产品结构已成为转变外贸增长方式甚至是转变经济增长模式的重要议题。

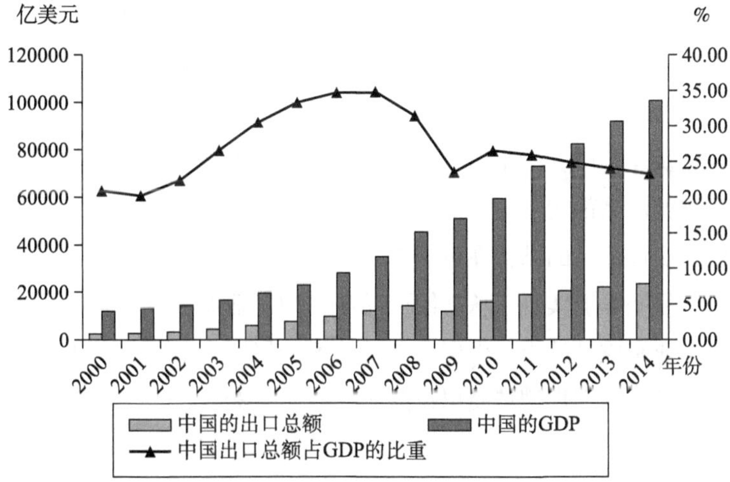


**图 3-2　2000—2014 年中国的 GDP 及出口依存度**

数据来源：联合国贸发会。

## 二、中国出口贸易商品结构

近年来，伴随着中国“科技兴贸”发展战略的实施，中国的出口贸易产品结构有了很大的改善，其中重要的表现就是从大类商品来看，工业制成品的出口贸易总额一直呈现出显著的上升趋势，与此同时，初级产品的出口总额连年下降。从图 3-3 也可以看出，中国的初级产品出口和工业制成品的出口总额存在着较大的差距。附表 3 和附表 4 的数据显示，2000—2014 年，中国的工业制成品出口总额从 2237.43 亿美元增加到 2014 年的 22296.01 亿美元，相应地，初级产品的出口总额仅从 2000 年的 254.60 亿美元增加到 2014 年的 1126.92 亿美元，增加的幅度远远不如前者。并且，工业制成品的出口总额占中国出口总额的比重从2000年的89.78%显著上升到2014年的95.19%，而初级产品的出口比重则从2000年的10.22%下降到2014年的4.81%。这表明，中国所出口的商品中工业制成品已经占有绝对优势。

历年《中国统计年鉴》的统计数据显示，在初级产品的出口中，食品及活动物产品的出口占初级产品出口总额的比重有所增加，而饮料及烟类、非食用原料这两类产品的出口所占的比重有所下降，剩下的矿物燃料、润滑油及有关原料，动、植物油脂及蜡等这两类产品的出口比重基本保持不变。而在工业制成品的出口中，轻纺产品、矿冶产品及其制品，杂项制品这两大类产品的出口占工业制成品出口总额的比重下降，而化学品及有关产品、机械及运输设备这两大类产品的出口占工业制成品出口总额的比重有所上升，在这其中机械及运输设备的出口贸易总额所占比重的增速最大。由于化工类产品以及机械类产品都属于资本及技术密集型产品，此类产品出口比重的上升意味着中国出口商品的结构在不断地优化。综合以上分析来看，一方面，中国的出口贸易基本上实现了从初级产品出口向工业制成品出口的转变，另一方面，在工业制成品的出口中资本以及技术密集型产品出口所占的比重在不断地增大，而劳动密集型产品出口的比重在逐步降低。

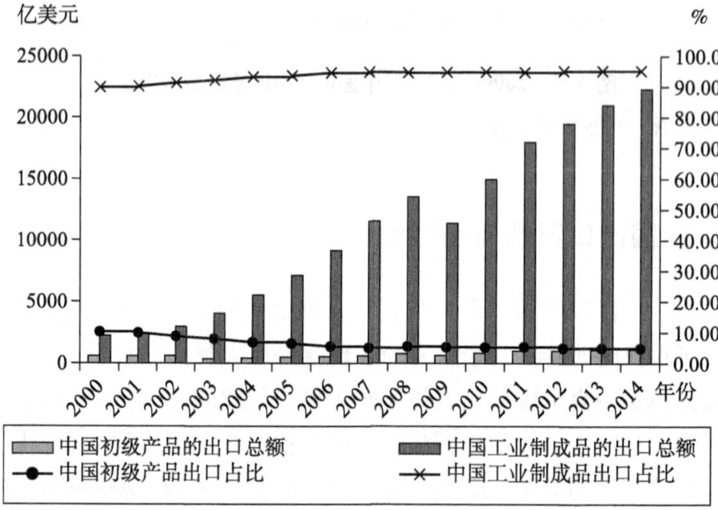


**图3-3 2000—2014年中国出口的产品结构**

数据来源：历年《中国统计年鉴》。

## 三、中国出口贸易的不同方式

自从加入WTO以后，中国积极参与国际分工，出口贸易蓬勃发展。但是在初期，中国的出口还主要是依靠加工贸易，加工贸易占到中国出口贸易总额的半数以上，其中进料加工贸易占到70%以上，由此可见，加工贸易是中国出口贸易的重要组成部分。尽管中国的加工贸易产值十分庞大，但是由于中国企业只是承担了简单的加工组装环节，七成以上的原材料和零部件还依赖于进口，导致中国加工贸易企业的产品设计以及研发能力低下，对核心技术的研发不够重视，最终只能停留在全球产业链的最低端位置。此后，随着中国贸易方式的转变以及中国政府对一般贸易的出口扶持，中国的加工贸易增长变得乏力，一般贸易得到了迅速发展。从图3-4可以看出，在加入WTO初期，中国加工贸易的发展状况远远好于一般贸易，但是近几年一般贸易出口后来居上，逐渐超过了加工贸易。附表5的统计数据显示，2000年中国一般贸易的出口额为1051.88亿美元，加工贸易的出口额为1376.46亿美元，而到2011年，一般贸易的出口额为9175.77亿美元，占出口总额的比重为48.31%，开始超过加工贸易的43.99%。从此，一般贸易开始迅速发展。截至2014年，一般贸易的出口占据一半以上，比重为51.41%。这说明，中国的出口贸易由代工生产、贴牌出口开始向自主设计、自创品牌转变，在全球价值链中的地位有了进一步提升。

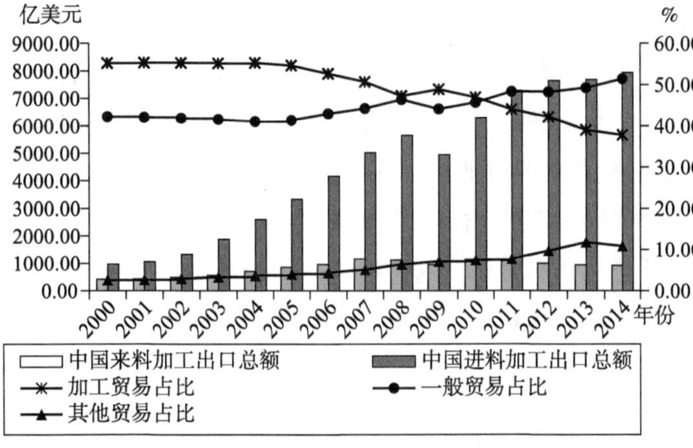


**图3-4　2000—2014年中国出口贸易分贸易方式的统计**

数据来源：中经网统计数据库。

## 四、中国出口贸易的目的市场分布

在世界向多极化发展，国际经济区域化、集团化加速推进的背景下，实施出口市场多元化战略有助于分散市场的风险，减少贸易摩擦，提高外贸整体的经济效益。为了防止过分依赖于美国、西欧等发达经济体的出口市场，降低出口市场的集中程度，减少政治与经济风险，20 世纪 90 年代初期，中国正式提出要实行“市场多元化战略”。其基本内容为：在继续巩固和发展中国已有的主要出口市场如西方发达国家以及我国香港、台湾地区的同时，加快对发展中经济体和全球其他经济体市场的开拓，以降低对少数几个经济体出口市场的过度依赖，保障中国出口贸易持续、稳定发展。在经过 20 多年的努力后，中国的市场多元化战略取得了巨大进步，已经形成了一个以美国、欧盟、我国香港、台湾地区为主要出口市场，遍布全球的多元化格局。

通过图 3-5 和附表 6“2014 年中国主要出口市场”的数据来看，中国当前的出口市场格局具有以下特点：第一，从出口市场选择方面来看，现阶段中国产品的出口目的市场大多集中于发达国家或地区，对欧盟、美国以及我国香港、台湾地区的出口量依然庞大，其中对美国的出口额高居首位，为 3960. 82 亿美元；对欧盟地区出口额为 3708. 84 亿美元以及对中国香港地区出口额为 3631. 91 亿美元。从上述数据可以看出，虽然中国目前的产品出口市场依然较为集中，但是集中度有所下降，各出口市场之间的份额逐渐趋于平衡。第二，在努力深化对欧美发达经济体的出口市场的同时，中国也在大力拓展对非洲、东南亚、太平洋等地区的出口市场。其中，2014 年中国对东盟的出口总额为 2720. 72 亿美元，仅次于对美国、欧盟以及中国香港的出口规模。这说明，中国产品出口市场的结构正逐步得到优化，出口市场的多样化水平在逐步提升。

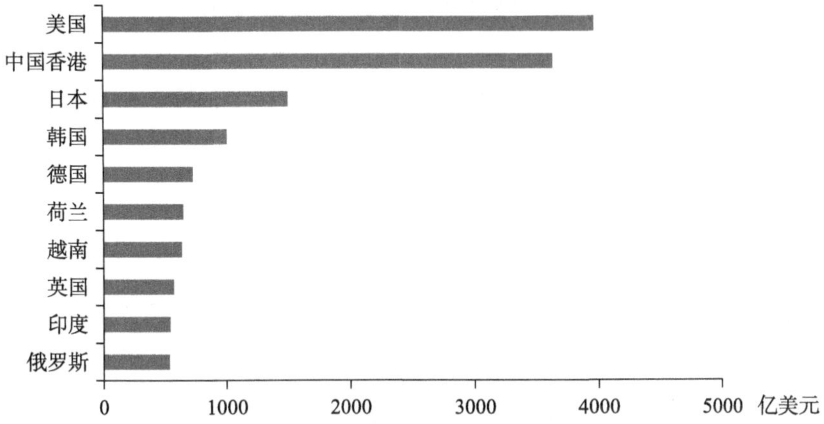


**图 3-5 2014 年中国主要出口市场分布**

数据来源：海关统计信息网。

## 五、中国出口贸易的地区分布

在中国，凭借着优越的沿海区位优势以及率先实行的对外开放政策，东部地区的出口贸易迅速发展，出口贸易额的增长速度高于全国平均水平，其中江浙地区、广东等省区的出口额增长速度更是全国平均水平的数倍乃至数十倍。相对而言，中西部地区由于地处内陆，离中国最主要的几大出口市场较远，出口的运输成本较高，导致其出口总额非常小。从图 3-6 可以看出，2000—2014 年，在东部、中部和西部这三个地区之间存在着严重的出口贸易发展不平衡问题。附表 7 的数据显示，2000—2014 年，东部地区的出口总额从 2268.78 亿美元迅速增加到 19433.43 亿美元，相对而言，中西部地区出口贸易的发展显得不是那么理想，与东部地区的出口总额存在 10 倍左右的差距。对外贸易发展的不平衡导致了地区之间的经济发展水平存在较大差距。然而，让人感到乐观的一个现象是，近几年，中西部地区的出口贸易发展动力明显增强，出口增速加快。随着内陆以及沿边开放型经济的迅速推进，中西部地区加快了承接东部地区的产业转移并积极吸引外商直接投资，使得加工贸易有从东部沿海地区向内陆地区抱团转移的趋势。2000—2014 年，东部地区的出口总额占中国出口总额的比重由

2000 年的 91.04%下降到 2014 年的 82.97%，而中西部地区的出口总额占中国出口总额的比重分别从 2000 年的 5.96%和 3.00%上升到 2014 年的 9.06%和 7.97%。由此可见，中国的出口贸易分布格局正在日趋平衡和优化。

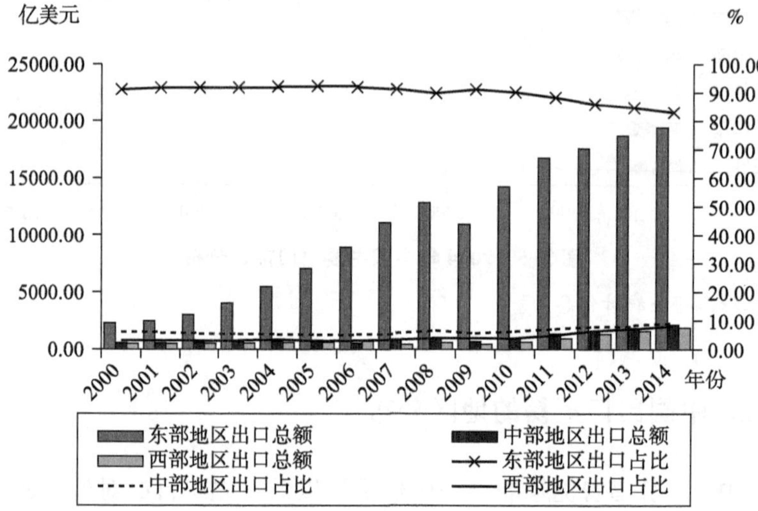


**图 3-6　2000—2014 年中国出口贸易的区域分布**

数据来源：国家统计局。

## 六、中国出口贸易的主体分布

从图 3-7 中可以看出，中国出口贸易的主体分布近年来变化较大，呈现出多元化的特点。附表 8 的统计数据显示，2003—2014 年，尽管国有企业的出口总额迅速增加，从 2003 年的 1380.33 亿美元增加到 2014 年的 2564.94 亿美元，但是其出口占中国出口总额的比重却在快速下降，相应地从 31.49%下降到 10.95%。对外商投资企业来说，中国实行改革开放以来，通过努力改善国内投资环境，吸引了大量的外资企业来华。这些外资企业大多是将中国作为出口加工平台，所生产的产品大多以外销为主，出口规模迅速增加，出口总量占据中国出口总额的一半之多。外资出口贸易的快速发展，加快推进了中国依靠出口来推动经济增长的外向型经济发展战略步伐，对促进中国出口增长、加强国际经济与技术方面的合作都具有重要意义。然而近几年，虽然外资企业的出口总额逐步增加，但是其占中国出口总额的比重却在日趋下降，从 2003 年的 54.83%下降到 2014 年的 45.87%。而作为中国经济最具活力的增长极，随着全球化进程的深入，民营企业以其自身的优势进入国外市场。面对日益激烈的市场竞争和前所未有的全球经济危机冲击，民营企业的出口贸易规模仍然在迅速扩大，从 2003 年的 600 亿美元增加到 2014 年的 10115.18 亿美元，其占中国出口总额的比重也相应地从 13.69%上升到 43.18%。由此可见，民营企业已经成为中国出口贸易和外向型经济增长的主力军。

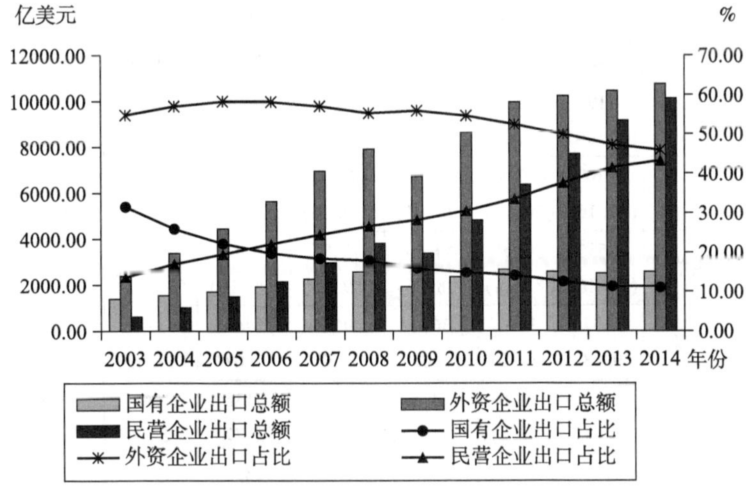


**图 3-7　2003—2014 年中国出口贸易主体分布**

数据来源：国研网。

## 第二节　中国出口贸易微观概况

改革开放以来，随着中国出口导向型政策的引导，大量企业开始走出国门进入国外市场，印有“中国制造”的商品凭借低廉的价格、良好的品质在国际市场的竞争中处于优势地位，商品销往世界各地，出口贸易取得了空前的发展。一个国家或一个地区的出口情况，归根结底是由各个企业的出口行为组成的。从微观企业层面进行分析，可以更好、更全面地了解中国的出口状况。本部分将从微观企业层面详细阐述中国出口贸易的发展状况。

## 一、中国出口企业的数量

近十几年来，中国充分利用自身的比较优势，包括丰富的自然资源和廉价的劳动力，大力发展本国经济，在全球经济中的地位越来越重要。与此同时，中国的出口贸易也一直保持着迅速发展的态势。

**表 3-1　中国规模以上工业企业的出口情况**

| 年份 | | 2000 | 2001 | 2002 | 2003 | 2004 | 2005 | 2006 | 2007 |
|---|---|---|---|---|---|---|---|---|---|
| 总体 | 出口 | 37197 (22.84) | 40803 (23.83) | 45305 (24.96) | 50904 (25.94) | 76985 (27.85) | 75622 (27.82) | 79311 (26.27) | 79100 (23.49) |
| | 非出口 | 125675 (77.16) | 130437 (76.17) | 136237 (75.04) | 145302 (74.06) | 199463 (72.15) | 196189 (72.18) | 222620 (73.73) | 257632 (76.51) |
| 地区 | 东部 | 32531 (87.46) | 36101 (88.48) | 40260 (88.86) | 45487 (89.36) | 69407 (90.16) | 62591 (82.77) | 66492 (83.84) | 71767 (90.73) |
| | 中部 | 3397 (9.13) | 3386 (8.30) | 3634 (8.02) | 3853 (7.57) | 5442 (7.07) | 11227 (14.85) | 10944 (13.80) | 5389 (6.81) |
| | 西部 | 1269 (3.41) | 1316 (3.23) | 1411 (3.11) | 1564 (3.07) | 2136 (2.77) | 1804 (2.39) | 1875 (2.36) | 1944 (2.46) |
| 所有制 | 国有 | 4124 (11.09) | 3218 (7.89) | 2698 (5.96) | 2202 (4.33) | 1832 (2.38) | 1969 (2.60) | 1674 (2.11) | 1202 (1.52) |
| | 民营 | 16204 (43.56) | 18622 (45.64) | 21881 (48.30) | 24993 (49.10) | 36692 (47.66) | 38747 (51.24) | 40510 (51.08) | 37557 (47.48) |
| | 外资 | 16869 (45.35) | 18963 (46.47) | 20726 (45.75) | 23709 (46.58) | 38461 (49.96) | 34906 (46.16) | 37127 (46.81) | 40341 (51.00) |
| 行业 | 劳动 | 21543 (57.92) | 23852 (58.46) | 26846 (59.26) | 28727 (56.43) | 41597 (54.03) | 40804 (53.96) | 42488 (53.57) | 41098 (51.96) |
| | 资本 | 6469 (17.39) | 6777 (16.61) | 7336 (16.19) | 8151 (16.01) | 12591 (16.36) | 12797 (16.92) | 13149 (16.58) | 12606 (15.94) |
| | 技术 | 9174 (24.66) | 10165 (24.91) | 11116 (24.54) | 14026 (27.55) | 22797 (29.61) | 22021 (29.12) | 23674 (29.85) | 25396 (32.11) |

续表

| 年份 | | 2000 | 2001 | 2002 | 2003 | 2004 | 2005 | 2006 | 2007 |
|---|---|---|---|---|---|---|---|---|---|
| 规模 | 大型 | 3876<br>(10.42) | 4158<br>(10.19) | 4222<br>(9.32) | 1274<br>(2.50) | 1426<br>(1.85) | 1624<br>(2.15) | 1765<br>(2.23) | 1876<br>(2.37) |
| | 中小型 | 33321<br>(89.58) | 36645<br>(89.81) | 41083<br>(90.68) | 49630<br>(97.50) | 75559<br>(98.15) | 73998<br>(97.85) | 77546<br>(97.77) | 77224<br>(97.63) |

注：企业出口数目的单位为“家”，括号内为出口企业数占当年中国企业出口总数的比重。

数据来源：根据“中国工业企业数据库”计算得到。

表 3-1 是本书利用 2000—2007 年中国工业企业数据库中规模以上工业企业的“出口交货值”数据进行简单的描述性统计。我们从中可以发现，总体来看，中国企业中参与出口活动的企业个数越来越多，呈现出明显的快速增长趋势。具体来说：

**（一）按企业是否出口分类**

首先将企业样本按照是否出口划分为出口企业和非出口企业，从表 3-1 中可以看出，相对于非出口企业来说，出口企业的数目非常少，出口企业数目是非出口企业数目的 1/3 左右，这说明仍有 70%左右的企业选择在国内销售，而不是进行出口活动。但是对出口企业来说，随着改革开放的继续深入，出口企业数目也在稳步上升，从 2000 年的 37197 家增加到 2007 年的 79100 家，其占中国出口企业总数的比重也从 2000 年的 22.84%增加到 2007 年的 23.49%。相应地，非出口企业的数目占中国出口企业总数的比重从 2000 年的 77.16%下降到 2014 年的 76.51%。由此可见，越来越多的中国企业开始进入国际市场。

**（二）按企业所在地区分类**

参照周世民等（2014）的划分方法，将样本企业按照所在地区划分为东部地区、中部地区和西部地区①。从表 3-1 中可以看出，相对于中部地区和西部地区，东部地区企业的出口规模处于绝对优势。2000 年，东部地

① 具体划分方法如下：东部地区（包括北京、天津、河北、辽宁、上海、江苏、浙江、福建、山东、广东和海南共 11 个地区）；中部地区（包括山西、内蒙古、吉林、黑龙江、安徽、江西、河南、湖北、湖南和广西共 10 个地区）；西部地区（包括重庆、四川、贵州、云南、西藏、陕西、甘肃、青海、宁夏和新疆共 10 个地区）。

区的出口企业数目为32531家，而到2007年，这一数目快速上升到71767家，与此同时，东部地区出口企业的数目占中国出口企业总数的比重也相应地从2000年的87.46%上升到2014年的90.73%。长期以来，凭借着优越的沿海地理优势，东部地区紧紧抓住中国加入WTO的契机，着力改变对外贸易发展模式并提高外资利用的质量和水平，大力实施“走出去”的经济发展战略，对外开放水平迈上新台阶，成为中国出口贸易的主力军。而与此相对的中部地区和西部地区，出口贸易发展相对缓慢，无论是出口企业数目还是出口企业数目占比都明显弱于东部地区。2000年，中部地区出口企业的数目为3397家、西部地区为1269家，到2007年分别增加到5389家和1944家，相对于东部地区动辄数万家的出口企业，中西部地区的企业出口显得相对落后。从出口企业数目占比来看，中西部地区的出口企业数目占中国出口企业总数的比重也分别从2000年的9.13%和3.41%下降到2007年的6.81%和2.46%。

### （三）按企业所有制分类

参照施炳展等（2013）以及邵敏和包群（2011）的方法，将企业按照所有制性质划分为国有企业、民营企业和外资企业①。近几年，随着中国制度质量和基础设施等的改善，以及招商引资优惠政策的实施，中国吸引的外资规模越来越大，利用外资的质量和水平越来越高。由于外资企业大部分都是资源寻求型，看中的是中国廉价的劳动力和丰富的自然资源，绝大部分外资企业都具有极高的出口倾向，外资企业已经成为中国出口贸易的主体。从表3-1中可以看出，外资企业的出口数目从2000年的16869家上升到2007年的40341家，其占中国出口企业总数的比重也从45.35%上升到51.00%，外资企业的出口已经占据中国出口贸易的“半壁江山”。在外资企业出口贸易蓬勃发展的同时，中国的民营企业也异军突起，由于其

---

① 具体划分方法如下：将国有企业、国有联营企业和国有独资公司统称为国有企业；将外商投资企业［包括中外合资经营企业、中外合作经营企业、外资（独资）企业以及外商投资股份有限公司］和港澳台资企业［包括合资经营企业（港或澳台资）、合作经营企业（港或澳台资）、港澳台独资企业以及港澳台商投资股份有限公司］这两大类统称为外资企业；其他的样本企业划分为民营企业。

企业机制灵活，创新能力不断提升，使得民营企业的出口贸易发展势如破竹。民营企业出口数目从 2000 年的 16204 家增加到 2007 年的 37557 家，占中国出口企业总数的比重也从 43.56%上升到 47.48%，这说明民营企业已经成为中国出口贸易的支撑力量。相较于外资企业和民营企业，中国国有企业的出口则显得动力不足，其企业出口数目占企业出口总数的比重反而从 2000 年的 11.09%下降到 2007 年的 1.52%。

**（四）按行业要素密集度分类**

参照 Lall（2000）的方法，将企业按照其所在的行业划分为劳动密集型企业、资本密集型企业和技术密集型企业①。在过去的几十年，中国的劳动力资源非常丰富，但是科技水平又相对较低，这导致大量的劳动密集型企业应运而生并逐步发展起来。在国际分工体系中，由于具有丰富的廉价劳动力资源，长期以来，低劳动力成本优势成为中国企业参与国际市场竞争的核心竞争力。因此，中国劳动密集型企业的出口数目一直保持着快速增加的势头，从 2000 年的 21543 家增加到 2007 年的 41098 家，尽管其出口数目占中国出口企业总数的比重从 57.92%下降到 51.96%，但是劳动密集型企业的出口仍然占据了中国出口企业总数的一半。技术密集型产业的国际综合竞争力是衡量一个国家或地区经济和科技发展水平的关键指标。随着中国科技进步和技术水平的提高，技术密集型产业的发展逐渐壮大，在国际市场上的竞争力越来越强。表 3-1 的数据显示，中国技术密集型企业的出口数目从 2000 年的 9174 家增加到 2007 年的 25396 家，并且，在技

① 具体划分方法如下：劳动密集型企业［包括煤炭开采和洗选业（06），黑色金属矿采选业（08），有色金属矿采选业（09），非金属矿采选业（10），其他采矿业（11），农副食品加工业（13），食品制造业（14），纺织业（17），纺织服装、鞋、帽制造业（18），皮革、毛皮、羽毛（绒）及其制品业（19），木材加工及木、竹、藤、棕、草制品业（20），家具制造业（21），文教体育用品制造业（24），非金属矿物制品业（31），金属制品业（34），工艺品及其他制造业（42）］；资本密集型企业［包括饮料制造业（15），烟草制品业（16），造纸及纸制品业（22），印刷业和记录媒介的复制（23），石油加工、炼焦及核燃料加工业（25），化学原料及化学制品制造业（26），化学纤维制造业（28），橡胶制品业（29），塑料制品业（30），黑色金属冶炼及压延加工业（32），有色金属冶炼及压延加工业（33）］；技术密集型企业［包括医药制造业（27），通用设备制造业（35），专用设备制造业（36），交通运输设备制造业（37），电气机械及器材制造业（39），通信设备、计算机及其他电子设备制造业（40），仪器仪表及文化、办公用机械制造业（41）］。

术密集型企业的出口数目迅速增加的同时，其出口数目占中国出口企业总数的比重也有所提升，从2000年的24.66%增加到2007年的32.11%。

### （五）按企业规模分类

将企业样本按照中国工业企业数据库中的企业规模代码，划分为大型企业和中小型企业①，对中国出口贸易的状况进行分析。随着经济全球化的日益深入以及中国对外开放程度的不断提高，越来越多的中小型企业快速成长起来并走出国门，在出口贸易方面取得了显著的成绩。从表3-1可以看出，具有一定规模程度的中小型企业的出口数目从2000年的33321家迅速增加到2007年的77224家，短短8年时间增加了1倍多，其占中国出口企业总数的比重也相应地从89.58%增加到97.63%。这说明，相对于大型企业，中小型出口企业在数目上占有绝对优势，已经成为中国出口贸易的重要组成部分。

## 二、中国企业出口的多样化

通过上一部分的数据分析可知，中国的出口贸易已经取得了显著成绩，大量企业开始走出国门进入国际市场，积极参与国际分工与国际市场竞争。在中国出口贸易规模和出口企业数量迅速增加的同时，中国企业所出口的产品种类和目的市场呈现出一种怎样的趋势呢？本部分将采用中国海关进出口数据库重点揭示中国出口多样性的特征事实，包括出口的产品多样化和出口的市场多样化，以期对中国的出口状况有更好、更全面的了解，为后续的实证分析打好基础。

### （一）中国企业出口产品的多样化

中国出口贸易的增加不仅是已有种类产品出口数量的增加，还包括产品种类的扩张，即深度边际和广度边际二者均有贡献。本部分选取中国2000—2007年的海关进出口数据库，以微观企业为单位，将HS8分位编码定义为产品，通过描述性统计来简单刻画中国企业多产品出口的特点。

① 具体划分方法如下：大型企业（包括大型、特大型、大一型和大二型）；中小型企业（包括中型、中一型、中二型和小型）。

**表 3-2 2000—2007 年中国企业出口的产品种类**

| 产品种类数 | 2000 年 | 2001 年 | 2002 年 | 2003 年 | 2004 年 | 2005 年 | 2006 年 | 2007 年 |
|---|---|---|---|---|---|---|---|---|
| 1 | 17048 (27.16) | 18225 (26.61) | 20274 (25.79) | 24677 (25.79) | 30388 (25.20) | 34493 (23.95) | 38807 (22.67) | 43679 (22.57) |
| 2 | 10230 (16.30) | 11239 (16.41) | 12382 (15.75) | 14886 (15.56) | 18229 (15.12) | 21685 (15.06) | 24745 (14.45) | 28331 (14.64) |
| 3 | 6579 (10.48) | 7276 (10.62) | 8302 (10.56) | 10014 (10.47) | 12213 (10.13) | 14444 (10.03) | 16869 (9.85) | 19203 (9.92) |
| 4 | 4651 (7.41) | 5078 (7.41) | 5916 (7.53) | 7031 (7.35) | 8956 (7.43) | 10753 (7.47) | 12441 (7.27) | 14045 (7.26) |
| 5 | 3446 (5.49) | 3826 (5.59) | 4396 (5.59) | 5271 (5.51) | 6835 (5.67) | 7983 (5.54) | 9586 (5.60) | 11206 (5.79) |
| ≥10 | 13342 (21.26) | 14580 (21.29) | 17565 (22.34) | 21790 (22.77) | 28597 (23.71) | 35647 (24.75) | 46388 (27.10) | 51401 (26.55) |
| 总企业数目 | 62771 | 68487 | 78612 | 95688 | 120590 | 144030 | 171205 | 193567 |
| 总产品种类 | 1763 | 1710 | 1749 | 2081 | 2599 | 3101 | 3256 | 3431 |

注：企业数目的单位为“家”，括号内为出口企业数目占当年出口企业总数的比值。

数据来源：根据“中国海关进出口数据库”计算得到。

表 3-2 为 2000—2007 年中国企业出口产品种类的基本统计，表内所列为按产品种类统计的出口企业数目，最后两行分别是在当年出口企业总数和出口产品种类总数。从表 3-2 中可以看出，在中国出口企业数目逐年增加的同时，中国所出口产品的种类也呈快速增长态势，中国出口产品的多样化水平在迅速提升。具体而言，在 2000 年，共有 62771 家企业参与出口活动，共出口 1763 种产品。到 2007 年，参与出口的企业数目增加到 193567 家，共出口 3431 种产品。多产品出口企业是中国出口贸易企业的主体形式，其中对于仅仅出口 1 种产品的企业来说，2000 年，17048 家企业仅出口了 1 种产品，占当年出口企业总数目的 27.16%，到 2007 年，虽然出口企业数目增加到了 43679 家，但是占出口企业总数的比值却下降到 22.57%。在出口产品种类大于 10 种的企业中，2000 年有 13342 家企业出口了 10 种以上的产品，占当年出口企业总数的 21.26%，到 2007 年，这一比值上升到

26.55%，说明所出口的产品种类在10种以上的企业数目在迅速增加。

与“不能将鸡蛋放到一个篮子里”的道理类似，如果出口产品比较集中，往往会恶化贸易条件、造成出口收入波动等。从当前来看，中国出口产品的多样化水平在逐年攀升，多产品出口在中国的对外贸易发展中发挥着重要作用。

**表3-3　2007年中国企业出口产品种类的地区及所有制差异**

| 产品种类数 | 分地区 | | | 分所有制 | | |
|---|---|---|---|---|---|---|
| | 东部 | 中部 | 西部 | 国有 | 民营 | 外资 |
| 1 | 36515 (18.86) | 4956 (2.56) | 2208 (1.14) | 1713 (0.88) | 23501 (12.14) | 18465 (9.54) |
| 2 | 24703 (12.76) | 2544 (1.31) | 1084 (0.56) | 1049 (0.54) | 14643 (7.56) | 12639 (6.53) |
| 3 | 16930 (8.75) | 1579 (0.82) | 694 (0.36) | 757 (0.39) | 9873 (5.10) | 8573 (4.43) |
| 4 | 12551 (6.48) | 1021 (0.53) | 473 (0.24) | 543 (0.28) | 7214 (3.73) | 6288 (3.25) |
| 5 | 10096 (5.22) | 750 (0.39) | 360 (0.19) | 407 (0.21) | 5730 (2.96) | 5069 (2.62) |
| ≥10 | 46361 (23.95) | 3295 (1.70) | 1745 (0.90) | 4327 (2.24) | 32187 (16.63) | 14887 (7.69) |

注：企业数目的单位为“家”，括号内为出口企业数目占当年中国出口企业总数的比值。
数据来源：根据“中国海关进出口数据库”计算得到。

针对不同地区以及不同所有制的结构性差异，进一步以2007年为例，考察中国多产品企业出口的地区差异以及所有制差异，数据统计如表3-3所示。尽管在总体上，中国出口产品的多样化水平一直在提升，但是针对不同地区以及不同所有制，还存在一些差异性。具体来看：

（1）从表3-3中可以看出，相对于中部地区与西部地区，东部地区出口产品的多样化水平具有明显的优势。2007年，东部地区仅出口1种产品的企业为36515家，占出口企业总数的18.86%，而出口产品种类在10种及以上的企业数目为46361家，占当年出口企业总数的比重为23.95%，这说明在东部地区，有更多的企业会选择出口多种产品。反观中部地区和西部地区，仅出口1种产品的企业数目分别为4956家和2208家，而出口10种及以上产品的企业数目分别为3295家和1745家，出口企业数目不增反降。这说明，东部地区的企业更侧重于出口多元化产品，而中西部地区企业所出口的产品相对比较集中。

（2）根据表 3-3 中的统计数据发现，相对于民营企业和外资企业，国有企业出口产品的多样化水平明显低得多。2007 年，在出口 10 种及以上产品的企业中，民营企业和外资企业的出口企业数目分别占全部出口企业数目的 16.63%和 7.69%，远远高于国有企业的 2.24%。相较于国有企业，民营企业和外资企业在出口产品多样化水平方面具有绝对的优势。

### （二）中国企业出口目的市场的多样化

为了防止过度依赖欧美等发达出口市场，降低出口频繁波动的风险，中国政府多次提出来出口市场要实行多样化，将出口多样化发展与科技兴贸列为同等地位的外贸发展战略。经过 20 多年的努力，一个不争的事实是，中国的出口市场多样化发展战略取得了一定的成就。

**表 3-4　2000—2007 年中国企业出口的目的市场**

| 目的市场数 | 2000 年 | 2001 年 | 2002 年 | 2003 年 | 2004 年 | 2005 年 | 2006 年 | 2007 年 |
|---|---|---|---|---|---|---|---|---|
| 1 | 23138<br>（36.86） | 24176<br>（35.30） | 25785<br>（32.80） | 30586<br>（31.96） | 37281<br>（30.92） | 41814<br>（29.03） | 47122<br>（27.52） | 52692<br>（27.22） |
| 2 | 10123<br>（16.13） | 10660<br>（15.56） | 12018<br>（15.29） | 14251<br>（14.89） | 17639<br>（14.63） | 20617<br>（14.31） | 23880<br>（13.95） | 25965<br>（13.41） |
| 3 | 5244<br>（8.35） | 5922<br>（8.65） | 6857<br>（8.72） | 8331<br>（8.71） | 10427<br>（8.65） | 12713<br>（8.83） | 14835<br>（8.67） | 16587<br>（8.57） |
| 4 | 3476<br>（5.54） | 3777<br>（5.51） | 4717<br>（6.00） | 5750<br>（6.01） | 7374<br>（6.11） | 9150<br>（6.35） | 10798<br>（6.31） | 12042<br>（6.22） |
| 5 | 2559<br>（4.08） | 2985<br>（4.36） | 3602<br>（4.58） | 4430<br>（4.63） | 5694<br>（4.72） | 7078<br>（4.91） | 8677<br>（5.07） | 9392<br>（4.85） |
| ≥10 | 12066<br>（19.22） | 13909<br>（20.31） | 16979<br>（21.60） | 21362<br>（22.32） | 27795<br>（23.05） | 34910<br>（24.24） | 44195<br>（25.81） | 52612<br>（27.18） |
| 总企业数目 | 62771 | 68487 | 78612 | 95688 | 120590 | 144030 | 171205 | 193567 |
| 总国家数目 | 144 | 151 | 144 | 146 | 151 | 170 | 160 | 170 |

注：企业数目的单位为“家”，括号内为企业出口数目占当年中国出口企业总数的比值。

数据来源：根据“中国海关进出口数据库”计算得到。

表3-4是2000—2007年中国企业出口目的市场的统计描述，从表3-4中最后一行可以看出，总体上，伴随着改革开放进程的推进，中国企业出口的目的市场数目大体呈现出增加的趋势。2000年，中国所出口产品的目的国家总数为144个，到2007年增加到170个。由此可见，在外贸出口多样化发展战略政策的引导下，中国企业积极响应，与更多的国家或地区建立了贸易伙伴关系。具体来看，在2000年，仅向1个市场出口的企业数目为23138家，占企业出口总数的36.86%。到2007年，仅与1个市场建立贸易关系的企业数目尽管增加到52692家，但是占当年企业出口总数的比重却下降到27.22%。与之相反，向10个及以上的国家或地区出口的企业数目2000年为12066家，到2007年增加到52612家，相应地，占出口企业总数的比重也从19.22%增加到27.18%。由此可见，随着时间的推移，仅向1个市场出口的企业数目在逐步减少，而与多个国家或地区建立贸易伙伴关系的企业数目在日渐攀升，这说明已有越来越多的中国企业倾向于选择向多目的市场出口。

由于所在地区以及所有制类型的不同，可能会导致企业所出口产品的目的市场情况存在差异性，因此，本部分进一步对此进行统计性考察。表3-5为2007年中国不同地区及不同所有制企业的产品出口目的市场情况，从表3-5中可以看出，在东部地区、中部地区以及西部地区，国有企业、民营企业以及外资企业之间，企业所出口产品的目的市场数目存在较大的差异性。具体来看：

（1）相较于中部和西部地区，东部地区企业所建立的贸易伙伴关系数目处于绝对优势。2007年，东部地区仅出口1个市场的企业数目为44368家，占企业出口总数的22.92%，而出口到10个及以上目的市场的企业数目为48245家，占企业出口总数的比重为24.92%。反观中部和西部地区，企业所出口的产品市场数目少之又少，其中中西部地区出口目的市场为10个及以上的企业数目分别为3170家和1197家，占出口企业总数目的比重分别为1.64%和0.62%。

（2）从企业所有制类型来看，国有、民营和外资企业这三类企业的出口市场多样化程度的排列顺序从高到低依次为民营企业、外资企业和国有企业。2007年，民营企业出口目的市场为1个的企业数目为27044家，外资企业次之，为23781家，而国有企业只有1867家企业。出口到10个及以上市场的企业中，民营企业为31291家，外资企业为17012家，国有企业为4309家，占全部出口企业样本的比重分别为16.17%、8.79%和2.23%。由此可见，尽管总体上中国出口市场的多元化水平逐步上升，但是从内部来看，不同地区以及不同所有制企业之间的出口市场多样化程度却存在较大差异，中国出口市场的多元化战略还需要继续稳步推进。

**表3-5 2007年中国企业出口目的市场的地区及所有制差异**

| 目的市场数 | 分地区 | | | 分所有制 | | |
|---|---|---|---|---|---|---|
| | 东部 | 中部 | 西部 | 国有 | 民营 | 外资 |
| 1 | 44368<br>(22.92) | 5541<br>(2.86) | 2783<br>(1.44) | 1867<br>(0.96) | 27044<br>(13.97) | 23781<br>(12.29) |
| 2 | 22520<br>(11.63) | 2276<br>(1.18) | 1169<br>(0.60) | 993<br>(0.51) | 13590<br>(7.02) | 11382<br>(5.88) |
| 3 | 14571<br>(7.53) | 1303<br>(0.67) | 713<br>(0.37) | 649<br>(0.34) | 8907<br>(4.60) | 7031<br>(3.63) |
| 4 | 10622<br>(5.49) | 985<br>(0.51) | 435<br>(0.22) | 509<br>(0.26) | 6576<br>(3.40) | 4957<br>(2.56) |
| 5 | 8337<br>(4.31) | 724<br>(0.37) | 331<br>(0.17) | 389<br>(0.20) | 5254<br>(2.71) | 3749<br>(1.94) |
| ≥10 | 48245<br>(24.92) | 3170<br>(1.64) | 1197<br>(0.62) | 4309<br>(2.23) | 31291<br>(16.17) | 17012<br>(8.79) |

注：企业数目的单位为“家”，括号内为出口企业数目占当年中国出口企业总数的比值。
数据来源：根据“中国海关进出口数据库”计算得到。

## 三、中国企业的出口持续时间

面对当前全球经济低迷以及外部市场需求萎缩，中国的出口贸易已经由“超常规”过渡到“新常态”。由此，中国政府指出目前中国对外贸易政策的首要任务是稳出口。在“十二五”规划中，中国政府已将“稳定出口”作为中国对外贸易发展的总体框架，稳定出口的其中一条重要的实施路径就是延长现有出口企业的出口持续时间。图 3-8 为采用 2000—2007 年中国海关进出口数据库对出口企业的出口持续时间所做的统计分析。从图 3-8中可以看出，在整体上，中国企业出口的持续时间都较短。其中，根据所计算的统计数据显示，持续出口 1 年的企业数目为 76313 家，持续出口 2 年的企业数目为 58766 家，持续出口 8 年的企业数目仅为 23640 家。由此可知，随着出口持续时间年份的增加，中国出口企业的数目逐年减少。

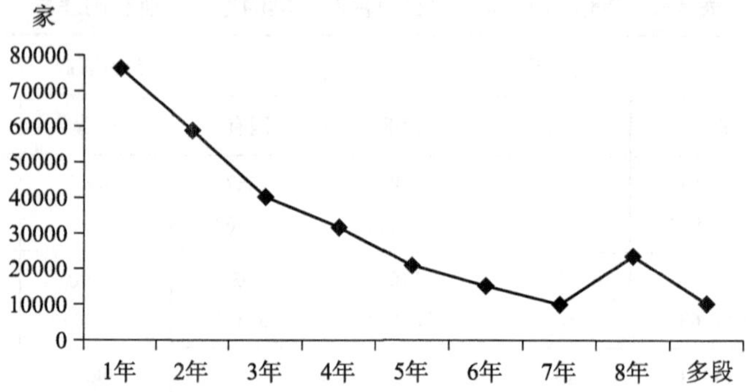


**图 3-8　中国出口企业的持续时间情况**

数据来源：中国海关进出口数据库。

图 3-9 为按照企业出口持续时间从 1~8 年再加上多段出口持续时间计算的相应年份的出口企业数目占全部出口企业总数的比值。从图 3-9 中可以看出，持续出口 1 年的企业占比最高，为 27%，其次是持续出口 2 年的企业，占出口企业总数的比值为 21%，而出口持续 3 年的企业数目占比为 14%。可见，持续出口 3 年及以下的企业数目占据了中国出口企业总数的一半以上。相对而言，出口持续时间为 6 年及以上的企业仅占中国出口企业总数的 16%。这表明，中国出口企业的出口持续时间普遍都较短，有大量企业在出口几年之后就退出了出口市场，仅有少数企业可以在激烈的国际市场竞争中存活下来。

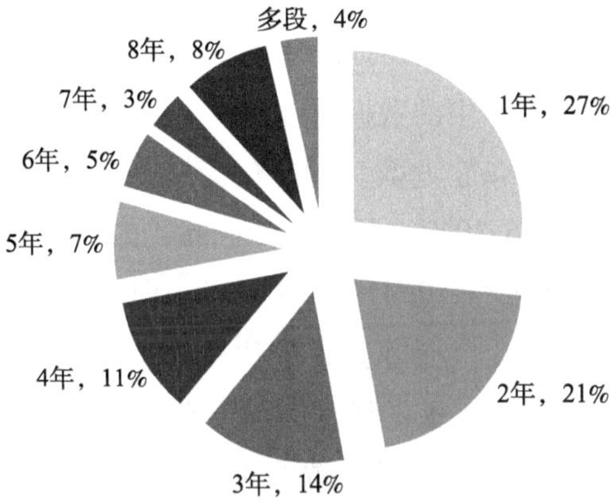


**图 3-9 中国出口企业持续时间的分布情况**

数据来源：中国海关进出口数据库。

## 第三节 中国出口贸易的平稳持续增长

本章采用宏观层面和微观企业层面的数据就中国出口贸易发展的总体概况以及微观企业概况进行了详细的描述性分析。整体来看，自 1978 年实行改革开放以来，中国充分利用经济全球化的大好发展机遇，广泛参与到国际分工中，出口贸易保持了大量顺差。特别是随着 2001 年 WTO 的加入，中国的对外贸易发展更是取得了惊人的成绩。在出口规模迅速扩大的同时，出口产品的结构也在不断得到优化，出口市场的多样化水平得到了显著提升。但是，中国的出口贸易发展仍然存在不足之处。

### 一、出口贸易发展的不足

虽然中国在出口贸易方面所取得的成绩令世界叹服，但是从目前来看，在中国出口贸易蓬勃发展的过程中还存在着一些问题，特别是中国企业出口的产品多样化水平较低、出口持续时间较短。

在出口产品结构方面，中国所出口产品呈现出单一化的特点，结构分配不尽合理，表现在主要集中于附加值较低的劳动密集型产品出口，高新技术产品的出口较少。进一步地，从微观层面来看，尽管多产品出口企业是中国出口贸易企业的主体形式，但是仅出口一种产品的企业仍然占据了相当大的比例。从表 3-2 中的数据可以发现，2000 年，仅出口一种产品的企业数目占当年全部出口企业数目的比例为 27.16%，而出口两种产品的出口企业占比下降为 16.30%，出口三种产品、四种产品、五种产品的出口企业占比依次为 10.48%、7.41%和 5.49%。即使出口产品种类在十种及以上的出口企业占当年出口企业数目的比重为 21.26%，也仍然低于仅出口一种产品的出口企业的比重。到 2007 年，仅出口单一产品的出口企业数目也非常多，占 2007 年出口企业总数的比重仍然相当大。由此可知，虽然当前中国企业的出口产品有多样化趋势，但仍然还是相对较为集中的。

在出口持续时间方面，相较于发达国家的企业，中国企业的自主创新能力不足、技术水平低下，这导致中国企业的外贸核心竞争力不强、无法有效抵御国外市场的风险，进而会较早地退出国际市场。正如前文中根据中国海关进出口数据库所绘制的图 3-8 和图 3-9 均表明，当前中国企业的出口持续时间非常短暂，有大量的出口企业在进入国际市场的短短几年之后就会退出国际市场。

## 二、出口贸易稳定增长的必要性

在中国出口贸易蓬勃发展，成为推动经济快速增长的主力的同时，中国的出口也遭遇到了一些前所未有的挑战。伴随着越来越多的其他发展中国家逐渐参与到国际分工与竞争中，全球制造业开始向东南亚迁移，再加上目前中国劳动力成本的逐渐攀升和自然资源存量的日益消减，这种高消耗且粗放式的对外贸易发展变得难以为继。此外，2008 年美国金融危机爆发所引致的全球性经济危机迅速蔓延，此次危机成为 20 世纪 30 年代经济大萧条以来最严重的一次危机，世界各国的经济发展均受到了不同程度的冲击，使得众多国家或地区的经济陷入低潮。在此情形下，中国的出口贸易出现大幅缩水现象，这充分暴露出中国出口贸易增长的脆弱性。面对不乐观的贸易形势，2014 年 7 月，国务院办公厅下发《关于支持外贸稳定增长的若干措施》之后，商务部又出台了一系列的稳外贸措施，“稳出口、保增长”已经成为当下中国政府部门所关注的重中之重。2015 年 7 月，国务院办公厅发布了《关于促进进出口稳定增长的若干意见》，其中七大措施中（简称“国七条”）有五项是关于稳定出口的，代表了中国政府稳定外贸出口的努力。由此可见，稳定出口已经成为中国政府当前的首要任务。

## 三、中国的经济体制改革

能否保证出口贸易的稳定持续增长，不仅在于建立新的贸易伙伴关系、促进企业出口规模的增加，出口产品种类的扩张以及延长企业的出口持续时间也都是稳定企业出口的重要实现途径，对于中国实现出口贸易的平稳增长具有重要意义。一方面，如果出口产品过于集中化将会导致中国企业在面对外部不利因素如国外市场发起的针对某类特定商品反倾销的贸易保护、国外消费者偏好的变化等冲击时，无法及时做出调整，抗风险能力严重不足。而相反，出口产品的多样化则可以大大缓解由国际市场需求下降和价格波动所造成的不利冲击，避免出口出现大幅波动，从而可以维持企业的稳定、持续出口。此外，出口产品种类范围的扩大还可以显著增加经济体的贸易绩效。众多学者的研究均证实了这一观点，Andersson（2005）选取 2003 年瑞典的企业微观数据考察了企业所出口产品种类及其出口贸易增长二者之间的相关性，发现企业所出口的产品种类每增加 10%，该企业的出口贸易总额会相应增加 12. 3%。Hummels 和 Klenow（2005）对全球增加的贸易收益进行了分解分析，发现贸易的广度收益，即向更多国家出口更多种类的产品所获得的收益解释了经济体出口收益的 2/3，进口收益的 1/3。另一方面，对稳定出口来说，其重要的实施路径是维持现有企业的出口规模，特别是延长现有出口企业的出口持续时间。企业出口持续时间的延长可以保障出口的持续平稳发展，也是促进中国出口贸易总量增加的主要力量。

众所周知，开始于 1978 年的中国经济体制改革使中国由高度集中的计划经济体制快速向市场经济体制转变。中国政府进行市场化改革的决心从未动摇过，近几年中国政府更是将全面深化经济体制改革作为工作的重中之重。特别是党的十八大以来，中国将市场化改革视为完成经济转型的根本动力，提出了“坚持社会主义市场经济的改革方向”“加快完善社会主义市场经济体制”等一系列的改革方向。中共十八届三中全会确定的主题就是“全面深化改革”，在《中共中央关于全面深化改革若干重大问题的决定》中明确指出必须积极稳妥地从广度和深度上推进市场化改革。伴随着市场化经济体制改革的日益深入，中国各地区都在积极推进市场化改革，并通过经济转型来提升本地区的技术水平，发展本地区经济。

以往大量的经验研究均认为，完善的制度作为一个国家或一个地区比较优势的重要源泉，能够对该国的出口贸易产生积极的促进作用。对于中国来说，其特殊的经济体制改革——市场化程度的提高可以减少经济运行过程中的不确定性从而降低交易费用，可以通过激烈的市场竞争效应有效激励企业进行技术创新和产品创新，还可以通过提升资源的配置效率最终促进企业生产率水平的提升。针对前文所分析的当前中国出口贸易所存在的不足，中国市场化程度的提高是否有利于企业进入国外市场并扩大出口规模、促进企业出口产品多样化水平的提升并延长企业的出口持续时间？对此问题的解答或许可以为中国出口贸易的平稳持续增长提供一些新的思路。

## 第四节　本章小结

由于进行出口贸易的主体是企业，而企业一系列的生产经营行为都会受到其所处制度环境的重要影响，因此，研究中国企业出口行为，需要考虑到当前中国经济转型时期的特殊性。在此背景下，本书将立足于中国经济发展背景的特殊性，从市场化的角度研究其对企业出口行为的影响，重点关注企业的出口倾向和出口规模、出口产品的多样化以及出口持续时间，以期为中国政府部门制定相关的稳外贸政策及进行经济体制改革提供来自计量方面的借鉴。

# 第四章　市场化与中国企业出口二元边际

对发展中经济体来说，由劳动力禀赋或某些丰富自然资源所形成的生产成本优势被普遍认为是其比较优势的主要来源。但是，如果仅从劳动力比较优势的角度来诠释发展中经济体中异质性企业（如生产效率、创新能力和所有制等）的出口行为差异，可能较为片面。实际上，尽管生产成本是影响企业产品价格、市场竞争力以及出口行为决策的重要方面，但制度因素对企业行为的影响也不能被轻视（张杰等，2008）。作为经济活动的主体，企业的行为决策与其所处的外部制度环境是紧密相关的，它们会密切关注制度变迁过程中自身所面临的发展机遇与挑战，以及制度变迁对自身交易成本、经营决策和发展战略等方面所产生的影响。Levchenko（2007）与 Nunn（2007）等众多经济学家都指出，制度因素是形成国家间出口贸易比较优势的重要源泉。而作为中国，自实行改革开放以来，经济领域中制度变迁的主要表现之一就是市场化（文东伟，2013）。市场化程度的提高意味着经济资源的配置方式由政府计划改为由市场主导，这必然会对企业的生产经营行为产生影响进而影响企业的出口决策。

在中国市场化改革进行得如火如荼的背景下，一个值得思考和研究的问题是，市场化程度的提高能否推动企业出口？如果能够促进企业出口，其促进中国企业出口增长的方式是什么？是主要依靠深度（出口数量），还是主要依靠广度（出口倾向）？对这些问题进行解答有利于我们深入理解企业出口的动因，对加快转变对外贸易发展模式、构建新型比较优势具有重要的理论和现实意义。

为了回答上述问题，本章将基于新新贸易理论的研究视角，采用2000—2007 年的微观数据从企业层面考察中国市场化程度的提高对出口贸易的微观影响。本章的结构安排如下：第一节是市场化程度的提高对企业出口的作用机制分析；第二节是行业技术复杂度的测度；第三节是模型构建及数据说明；第四节是全体样本的估计结果及分析；第五节是分样本的估计结果及分析；第六节是本章小结。

## 第一节　作用机制分析

关于企业出口的影响因素，现有文献大都从融资约束、地理集聚、基础设施等多个视角进行了实证分析（于洪霞等，2011；佟家栋和刘竹青，2014；盛丹等，2011），本章则尝试从市场化程度的角度切入，研究其对中国企业出口二元边际的影响。制约并决定企业生产经营行为的因素主要有内、外两个方面：其一是企业自身的特征变量，如企业的生产规模、企业的生产效率、企业的所有制结构等；其二是企业所处的外部制度环境，如法律法规、市场条件等。作为新制度经济学的鼻祖，1937 年科斯在其论文《企业的性质》中把制度变量引入经济学分析中，开创性地提出"交易费用"这一概念，用来解释企业存在的原因以及企业生产规模的决定因素。最初的交易费用，主要是指进行市场交易活动时所产生的费用，包括获取价格信息、谈判和签订合同的费用等。随着新制度经济学的发展，Williamson（1985）、巴泽尔（1997）、张五常（2001）等的研究进一步丰富了交易费用的内容，使"交易费用"的范畴逐渐变得一般化。广义的交易费用主要包括：搜集相关产品价格和质量的费用、寻找潜在买家和卖家的费用、商议产品价格的费用、起草和签订以及履行合同的费用、监督合同执行的费用、违反合同时需要支付的费用等。

大量经验研究已经表明，中国企业主要是充分利用中国国内大量的低廉劳动力，丰富的自然、土地等初级资源，通过生产在国际市场上具有显著价格竞争优势的产品来参与国际竞争，成本优势是中国企业进入国外市场的有力武器。而企业的成本不仅包括企业的生产成本，也包括其所面临的交易成本（孙铮等，2005），交易成本的高低将会直接影响企业的一系列决策行为。企业交易成本的高低受多种因素的综合影响，其中的一个重要因素就是包括市场完善程度、法制建设程度和政府行政效率在内的制度质量（戴翔和金碚，2014）。不同的制度安排，将会产生不同的交易成本。谢孟军（2013）指出，完善的制度设计能够对人的行为形成激励，有效激发人的工作积极性与创造性，促进资源和要素的优化配置，降低交易门槛，而不良的制度则会提高交易费用。事实上，作为中国制度变革主要表现形式的市场化制度，也能够通过降低企业的交易成本使企业获得外贸出口的核心竞争优势——低成本竞争，进而促进企业出口规模的扩大。

第一，产权制度在市场交易中发挥着基础性作用。产权的核心是关于人的行为的约束条件，是对交易过程中人与人之间的利益关系所进行的明确的界定（杨瑞龙和周业安，1998）。在市场上进行的每一次交易都是有成本的，产权能否清晰界定，将会影响交易费用进而对资源配置效率产生影响。如果产权界定模糊不清，则会导致交易双方的权力和利益纷争加剧，交易摩擦增大，甚至出现违约行为时提起诉讼和要求赔偿较为困难，从而引起较大的交易成本。而相反，明晰的产权可以约束人的行为，提高双方进行合作的概率，能够降低交易费用，使资源得到合理、有效的配置。市场化是一个市场机制对经济运行中的资源配置发挥的作用越来越大的体制改革过程，是一系列社会、经济、法律乃至政治制度的深刻变革（樊纲等，2003）。因此，在市场化程度高的地区，其经济体制比较完善，法律法规相对更为健全，能够为企业提供良好的外部制度环境进而降低其交易成本。

第二，交易费用之所以会产生主要是由于市场具有不确定性，市场的不确定性使得有关产品的价格、质量以及贸易伙伴的相关信息等方面难以预见，企业在搜寻和了解的过程中需要支付成本，包括人力、物力以及财力，还有时间成本，由此产生并提高了交易成本。交易信息的传递受到相关市场制度的严重制约（张屹山和高丽媛，2014），作为市场机制的核心，竞争性价格机制的形成能够使交易双方在存在信息不对称的情况下，通过引入竞争机制来降低信息不对称。因此，在市场化程度较高的地区，信息往往较为完善和透明，这使得企业能够准确、及时地掌握充分的市场信息，企业之间的交易变得顺畅，从而大大节约了市场交易费用。

此外，黄玖立和李坤望（2006）分析指出，政府干预可能会扭曲市场机制并诱发各种寻租行为。因此，当地区的市场化程度提高时，意味着政府对市场的干预程度逐渐降低，政府运用行政权力对企业的生产经营活动进行干预和管制的能力下降，会大大节省企业为了获得资源所付出的成本。由此可见，地区市场化程度的提高可以降低企业的交易费用，抑制企业成本的上升。而企业成本的降低将会构成出口比较优势的重要因素，进而促进企业的出口。然而，市场化程度的提高对企业交易成本的影响大小进而对企业出口的影响还取决于企业自身的技术复杂程度。根据安苑和王珺（2012）的观点，相较于技术复杂度较低的企业，企业的技术复杂度越高意味着分工在细化，其中间生产环节和投入品种类都较多，工序可能更为复杂。交易在拓展，企业在生产经营过程中不可避免地需要与上下游其他企业进行交易，签订并履行各种契约，这就意味着技术复杂度越高的企业其交易的次数与交易对象较多，交易费用往往也较高。因此，当一个地区市场化程度提高时，技术复杂度越高的企业对由地区市场化程度的提高所引起的交易成本的降低会更为敏感，从而会对其出口产生更突出的影响。

## 第二节　技术复杂度的测度

在进行实证分析之前，需要先计算本章的核心解释变量——技术复杂度。技术复杂度可以反映一个国家或一个地区产品的技术水平，如果一个国家或一个地区所生产和出口的产品的技术复杂度越高，则意味着该产品的品质越好，技术含量越高，其在国际市场上就会具有明显的竞争优势（陈维涛等，2014）；此外，在全球生产网络体系下，出口技术复杂度还可以反映某一经济体在全球价值链中所处的地位（黄先海等，2010）。一般而言，发达经济体主要专业化于产品全球生产链条中研发、设计以及核心零部件生产等较高技术复杂度的工序，而发展中经济体则主要集中于产品的初级材料供应、简单零部件生产以及组装加工等较低技术复杂度的环节。随着国际贸易研究的深入，关于技术复杂度的测度方法也多种多样。本部分将首先梳理以往测度技术复杂度的代表性方法，然后介绍行业技术复杂度的测度方法。

## 一、以往测度技术复杂度的代表性方法

针对如何测算一个国家或一个地区的技术复杂度，本章对以往的相关文献进行了总结，代表性方法主要有以下两种：

### （一）基于产品技术复杂度的度量方法

Hausmann 等（2007）较早提出使用复杂度这一概念来度量产品的品质和技术含量，并将复杂度运用到产品的出口领域。他认为，出口产品的复杂程度与出口国的经济发展水平呈正相关关系。如果一种产品是由收入水平较高的国家出口，则该产品的技术复杂度就较高。关于如何测度一个国家或一个地区整体的技术复杂度，Hausmann 提出了测度该指标的两步计算方法。具体而言，首先要计算该国或地区每一种出口产品的技术复杂度 $TSI$，其计算公式为：

$$TSI_i = \sum_j \frac{ex_{ji}/EX_j}{\sum_j (ex_{ji}/EX_j)} Y_j \tag{4.1}$$

式中，$TSI_i$ 就是出口产品 $i$ 的技术复杂度，$ex_{ji}$是国家或地区 $j$ 的产品 $i$ 的出口额，$EX_j$ 是国家或地区 $j$ 的所有产品的出口总额，$ex_{ji}/EX_j$ 即为产品 $i$ 在 $j$ 国或地区所占的出口份额，$Y_j$ 是指国家或地区 $j$ 的人均 GDP。由此可见，某国或地区中每一种产品的技术复杂度就是该国或地区的人均 GDP 的加权平均值。

在得到 $j$ 国或地区每一种出口产品的技术复杂度之后，进一步加总计算出该国或地区总体的出口技术复杂度，加总的计算公式为：

$$ES_j = \sum_i \frac{ex_{ji}}{EX_j} TSI_i \tag{4.2}$$

式中，$ES_j$ 就是国家或地区 $j$ 总体的出口技术复杂度，$ex_{ji}$ 为国家或地区 $j$ 的产品 $i$ 的出口额，$EX_j$ 是国家或地区 $j$ 的产品出口总额，$TSI_i$ 为产品 $i$ 的出口技术复杂度。

自从 Hausmann 的技术复杂度测度方法创建以来，该方法被国内外学者广泛应用于国际贸易相关问题的研究中。Rodrik（2006）采用该测度方

法计算了 1992 年世界各国的出口技术复杂度，发现中国和印度这两个发展中国家即使在较低的经济发展水平下所出口的产品的复杂度也依然较高。针对以往文献大多是对国家层面出口技术复杂度的测度，邱斌等（2012）借鉴 Hausmann 的方法，更加细致地计算了按照国民经济行业分类标准 GB/T 4754—2002 的中国 2001—2009 年 24 个两位数制造业行业的出口技术复杂度。陈俊聪和黄繁华（2013）、戴翔和金碚（2014）、陈维涛等（2014）等均采用该种方法测算了各个维度的技术复杂度。但是，陈晓华和刘慧（2015）认为，Hausmann 模型这种基于人均 GDP 测算出来的技术复杂度容易对发达国家或地区中低技术企业的产品技术复杂度水平形成高估，或者对不发达国家或地区中高技术企业的产品技术复杂度水平形成低估。

**（二）基于相似度的度量方法**

作为另一种衡量技术复杂度的指标，Schott（2008）构建了基于相似度的方法来测算一个国家或一个地区的出口技术复杂度，主要思路是通过比较某一国其所出口产品集与发达国家（参照国）所出口产品集的相似程度来衡量其技术复杂度。具体的计算公式为：

$$FZD_{tj} = \left[ \min\left(\frac{V_{t1j}}{V_{tj}}, \frac{V_{t1k}}{V_{tk}}\right) + \min\left(\frac{V_{t2j}}{V_{tj}}, \frac{V_{t2k}}{V_{tk}}\right) + \cdots + \min\left(\frac{V_{tmj}}{V_{tj}}, \frac{V_{tmk}}{V_{tk}}\right) \right] = \left[ \sum_{l} \min\left(\frac{V_{tlj}}{V_{tj}}, \frac{V_{tlk}}{V_{tk}}\right) \right] \tag{4.3}$$

式中，$FZD_{tj}$表示在 $t$ 期 $j$ 国或地区所出口的产品集与 $k$ 国（参照国）所出口产品集的相似程度，$V_{tlj}$表示在 $t$ 期 $j$ 国或地区的第 $l$ 类产品的出口额，$V_{tj}$表示在 $t$ 期 $j$ 国或地区所有产品的出口总额。如果选取美国作为高技术复杂度的对照国，则 $FZD_{tj}$表示在 $t$ 期 $j$ 国或地区相对于美国的出口技术复杂度。

陈晓华和刘慧（2015）借鉴 Schott（2008）基于相似度的测算方法，计算了 140 个国家或地区在 1997—2011 年的出口技术复杂度，发现发达国家或地区的平均出口技术复杂度水平要明显高于发展中国家，并且发达国家或地区的技术复杂度的提升幅度大于发展中国家，两类经济体之间的技术水平差距在扩大。周禄松和郑亚莉（2014）在 Schott（2008）测算方法的基础上，选取美国 2012 年的产业出口额作为参照标准，计算了中国在 2002—2012 年 31 个省际地区劳动和资本密集偏向型制造业产业的出口技术复杂度。戴翔和张二震（2011）、刘慧等（2014）曾基于该方法测度了各国出口产品的技术含量。但通过该种方法计算的技术复杂度会受到参照国选取标准的影响，准确性还有待考察。

## 二、对行业技术复杂度的测度

本章所要度量的技术复杂度指标与上述两种测算技术复杂度的思路不同，主要是要反映企业的生产和交易的中间环节，与交易费用紧密相关。因此，借鉴安苑和王珺（2012）的方法，选取各行业对中间产品的使用情况来衡量企业所在行业的技术复杂度。基于斯密的观点，劳动分工的细化会带来技术进步和效率的改进。因此，如果某一行业在其生产过程中所使用的中间产品的数量、种类越多，则说明该行业的生产环节越多，技术复杂程度越高，并且该行业在其产品的生产过程中交易费用也越多。然而，考虑到行业对不同种类的中间投入品的使用数量存在差异，如某行业在其生产经营过程中所投入的中间产品的种类众多，但是只密集使用了其中的一种或者较少种类的中间产品，因此仅仅采用中间产品的绝对数目并不能很好地反映该行业对中间投入品的使用情况。安苑和王珺（2012）提出，根据投入产出表先计算出产业对中间产品的密集使用程度，即中间产品的赫芬达尔指数，再用 1-中间产品的赫芬达尔指数来度量产业所投入的中间产品的多样性，就可以得到产业层面的技术复杂度。赫芬达尔指数（HHI），是指某一特定市场中各经济主体所占市场份额的平方之和，可以用来综合反映市场集中度的指标。该指数越大，表示该市场的集中程度越高，其值为 1 时则表示该市场处于完全垄断状态。赫芬达尔指数最初被产业组织研究文献中用来测度市场集中程度，后来被广泛用来描述某个指标的分布特征。本章用各行业生产过程中所使用的来自各个部门的中间产品占所有中间产品比重的平方和来计算行业的技术复杂度，用来反映行业在产品生产过程中的中间环节和投入品分布情况。

本章在上述思路的基础上，选取2007年中国投入产出表①来测算各个行业的技术复杂度。投入产出表也称产业关联表，描述在一定时期内国民经济各部门生产活动的投入和产出情况。值得注意的是，由于2007年中国投入产出表的135个部门是按照国民经济行业GB/T 4754—2002的分类标准进行划分的，而在“中国工业企业数据库”中国民经济行业的分类标准并不是固定不变的，2002年及其以前的年份采用的是GB/T 4754—1994的分类版本，2003年及其以后的年份采用的是GB/T 4754—2002的分类版本。这两个版本的行业分类标准存在着一些差异，因此，本章根据2007年投入产出表的部门分类将2000—2002年和2003—2007年的行业进行统一。随后，针对各个行业部门，本章根据上述安苑和王珺（2012）的方法对其技术复杂度进行测度。

## 第三节 计量模型及数据说明

通过上述机制分析部分可知，市场化程度的提高能够促进企业出口贸易的增长，特别是对技术复杂度高的行业内企业的出口促进作用更突出，但是这一假说仅仅是文字表述，还需要采取计量方法进行进一步验证。在以下部分，将选取2000—2007年的微观企业数据，从企业技术复杂度的角度实证考察市场化程度对中国企业出口行为的影响，着重考察企业的出口倾向和出口规模，深入剖析市场化程度的提高对企业出口行为的微观作用机制。

### 一、模型构建

由于本章所选取的样本来自“中国工业企业数据库”，是全部国有及

---

① 相较于2002年的投入产出表，2007年的中国投入产出表进一步细化了部门分类涵盖了135个国民经济部门，包括5个农林牧渔业部门，5个采矿业部门，81个制造业部门，3个电力、燃气及水的生产和供应业部门，1个建筑业部门，9个交通运输、仓储和邮政业部门，3个信息传输、计算机服务和软件业部门，1个批发和零售业部门，2个住宿和餐饮业部门，2个金融业部门，1个房地产业部门，22个其他服务业部门。

以上规模的非国有工业企业，缺少来自年产品销售小于 500 万元的企业数据，因此，可能会存在样本选择问题。根据第三章“中国出口贸易的事实分析”中表 3-1“中国规模以上工业企业的出口情况”可以看出，2000—2007 年，中国规模以上工业企业的出口数目在快速增加，其中，2000 年中国工业企业中从事出口的企业数目为 37197 家，到 2007 年出口企业数目迅速增加到 79100 家。

然而，在出口贸易蓬勃发展的同时，需要注意的是，出口企业的数目仅占全部企业数目的较低比重，相对于非出口企业，出口企业的数目非常少。根据中国工业企业数据库数据计算，2000—2007 年零出口企业数目占总企业数目的比重依次为 77.16%、76.17%、75.04%、74.06%、72.15%、72.18%、73.73%和 76.51%。其中，2000 年相对于 37197 家的出口企业，有 125675 家的企业并未选择出口，到了 2007 年非出口企业的数目增加到 257632 家。

由于选择进入国外市场的企业往往只占全部企业的较少部分，有相当大比例的企业仅选择在国内销售，如果直接剔除非出口企业，或者将这些出口额为零的非出口企业，包含在样本中采用一般的回归方法对企业出口行为进行实证分析，将会产生样本选择性偏误问题（Heckman，1979）。其原因在于，只有当企业是否选择参与出口贸易是随机发生时，直接剔除或者忽略这些样本才不会造成实证估计不一致。而事实上，企业是否出口以及出口多少会受到多种因素的影响，那些位于市场化程度较高地区的企业可能更倾向于选择出口，且出口规模较大，而那些市场化程度较低地区内的企业可能更倾向于选择在国内销售，可见企业的出口行为并不是随机发生的。因此，本章将采用被广泛应用于出口贸易研究中的 Heckman 选择模型以克服估计中的样本选择偏误问题就市场化程度对中国企业出口二元边际的影响进行实证分析。

我们的重点是考察地区市场化程度的提高对中国企业出口倾向和出口规模的影响，根据本章第一节的机制分析，企业的出口行为不仅取决于其所在地区的市场化水平，还与企业所在行业的技术复杂度密切相关，即同时具有地区和行业两个维度。由于该机制无法通过简单的线性模型进行估计，为此，借鉴 Rajan 和 Zingales（1998）、Nunn（2007）、Levchenko（2007）所使用“双重差分”的估计方法，将市场化与技术复杂度的交互项引入 Heckman 选择模型。国内研究中，盛丹和王永进（2012）、黄玖立等（2013）、佟家栋和刘竹青（2014）等在研究类似问题时均采用了此种建模方法。根据 Heckman 两阶段模型的基本思路，本章将企业的出口行为分为两个阶段：首先，构建企业的出口决策方程，利用 Probit 模型来估计企业选择进入国外市场的概率，并由此计算出逆米尔斯比率（inverse mill's ratio）。其次，将所得到的逆米尔斯比率作为控制变量添加到企业出口规模决定方程中。具体方程分别设定如下：

$$pr(dex_{ijkt}) = C+\alpha_1 mar_{kt}\times fuza_{it}+\alpha_2 X_{ijkt}+\xi_{ijkt} \tag{4.4}$$

$$\ln(ex_{ijkt} \mid dex_{ijkt}=1) = C+\beta_1 mar_{kt}\times fuza_{it}+\beta_2 X_{ijkt}+\beta_3\lambda+\varepsilon_{ijkt} \tag{4.5}$$

式（4.4）为 Heckman 选择模型第一阶段的企业出口倾向的决定方程，其中下标 $i$、$j$、$k$、$t$ 分别表示企业、行业、地区和年份。被解释变量 dex 为企业是否选择出口的二元虚拟变量，当企业出口额大于 0 时，dex 取值为 1，而当企业出口额为 0 时，dex 取值为 0。交叉项 $mar_{kt}\times fuza_{it}$ 是本章所要重点关注的核心解释变量，其中 $mar$ 为地区市场化水平，$fuza$ 为行业的技术复杂度，$\xi_{it}$ 为随机扰动项。除了市场化程度与技术复杂度的交互项 $mar_{kt}\times fuza_{it}$，还有许多其他因素（企业自身的特征）会对企业的出口决策产生影响。结合已有相关研究企业出口影响因素的文献，本章还选取以下企业层面的特征指标作为解释变量纳入式（4.4）中进行实证回归，以控制除市场化程度与技术复杂度交互项之外的其他变量可能会对企业出口行为产生的影响。与企业出口相关的其他解释变量的集合 $X_{ijkt}$ 包括：

$$X_{ijkt} = X(\ln tfp_{ijkt},\ \ln size_{ijkt},\ \ln wage_{ijkt},\ \ln k_{ijkt},\ \ln finance_{ijkt},\ dwz_i)$$

式中，$tfp$ 表示企业的全要素生产率，$size$ 代表企业规模，$wage$ 代表企业的平均工资水平，$k$ 代表资本密集度，$finance$ 为融资约束，$dwz$ 表示企业是否是外资企业。

式（4.5）为 Heckman 选择模型第二阶段的出口规模决定方程，被解释变量 ln$ex$ 为企业的出口规模，用企业的出口交货值加 1 后取对数来度量。在该方程中加入了通过式（4.4）计算的逆米尔斯比率 $\lambda_{it}$，如果 $\lambda_{it}$ 的估计系数显著，则说明本章样本存在选择性偏误问题，这时必须采用Heckman选择模型进行估计。考虑到数据特点，本章还在这两个方程中均加入了二分位的行业虚拟变量，用来控制行业特征对企业出口行为可能产生的影响，如不同行业具有不同的要素密集度；加入省份虚拟变量，用来控制地区因素对企业出口行为可能产生的影响，如资源禀赋、是否是沿海地区、地区基础设施情况等；加入年份虚拟变量，用来控制时间因素对企业出口行为可能产生的影响，如中国2001年加入WTO、中国的汇率政策变动等。

值得注意的是，$mar_{kt} \times fuza_{it}$这一交互项的含义是，随着地区市场化程度的提高，技术复杂度越高的企业其出口倾向或出口规模越大。以Heckman选择模型第二阶段的企业出口规模方程为例，交互项的估计系数$\beta_1$的经济学意义可以通过式（4.5）进行简单的变形后得到①。先作如下假设，对具有不同市场化水平的地区来说，假设1代表市场化程度较低的地区，2代表市场化程度较高的地区。对具有不同技术复杂度的企业来说，假设1代表技术复杂度较低的企业，2代表技术复杂度较高的企业。首先考虑市场化程度较低的地区1对高技术复杂度和低技术复杂度企业之间出口规模的影响差异为：

$$\ln ex_{12} - \ln ex_{11} = \beta_1 mar_1 \times (fuza_2 - fuza_1)$$

进一步考虑市场化程度较高的地区2对高技术复杂度和低技术复杂度企业之间出口规模的影响差异为：

$$\ln ex_{22} - \ln ex_{21} = \beta_1 mar_2 \times (fuza_2 - fuza_1)$$

当地区的市场化水平提高时，其对高、低技术复杂度企业之间出口规模的影响差异的变化为：

$$(\ln ex_{22} - \ln ex_{21}) - (\ln ex_{12} - \ln ex_{11}) = \beta_1 (mar_2 - mar_1) \times (fuza_2 - fuza_1)$$

由于$(\ln ex_{22} - \ln ex_{21}) - (\ln ex_{12} - \ln ex_{11}) = (\ln ex_{22} - \ln ex_{12}) - (\ln ex_{21} - \ln ex_{11})$，则可得当$\beta_1$为正时，说明在控制其他影响企业出口规模的因素之后，地区市场化程度的提高对技术复杂度越高的企业的出口规模的促进作用更大。

① 根据齐俊妍等（2011）的方法进行分析。

同理可得，地区市场化程度的提高对技术复杂度越高的企业的出口倾向的促进作用更大。

## 二、变量度量

### （一）市场化程度的度量

从现有的研究来看，衡量某一国家或地区市场化程度的方法有很多。例如，早在 1993 年，卢中原和胡鞍钢就选取投资、价格、生产和商业 4 个单项方面，采用加权法尝试编制了近似反映中国市场化程度的综合的市场化指数。金玉国（2001）在卢中原和胡鞍钢的基础上，从生产要素（劳动力、资金等）配置的市场化以及经济参数（利率、价格等）决定的市场化这两个方面，通过赋予不同的权重来构建中国的市场化指数。不同学者往往根据自身研究的需要而对市场化程度这一指标采取不同的测算方法，其测度较为主观且各有利弊。

市场化改革是一个市场机制对经济运行中的资源配置发挥的作用越来越大的体制改革过程，是一个多元、复杂的制度变迁的过程（卢现祥和朱巧玲，2006），是一系列社会、经济、法律乃至政治制度的深刻变革（樊纲等，2003）。如果单独采用某一方面的指标进行衡量，就不能够准确全面地反映一个地区的市场化程度。因此，本章采用国内学者樊纲等（2011）编制的中国各地区的市场化指数作为度量地区市场化程度的代理变量[①]，该指标的取值范围是 0~10。如果市场化指数值越高，则表明该地区的市场化程度也就越高。相较于选择单一市场因素，市场化指数能够更为准确全面地反映一个地区的市场化程度。樊纲等（2011）的市场化指数是目前学术界较为普遍使用和公认的作为度量区域市场化程度的相对可靠的指标，张爽等（2007）、张杰等（2011）和肖星等（2012）等在研究市场化问题时均采用了该市场化指数来度量各地区的市场化水平。

---

① 此指标从政府与市场两者之间的关系、非国有经济的发展、产品市场和要素市场的发育、市场中介组织的发育情况以及法律制度环境五个方面对中国各省级地区的市场化进展情况进行了评定。每个方面的得分反映了该地区市场化发展的一个特定方面，并由几个分项指数构成。这五个特定方面的指数按照一定的权重合成一个总指数，可以反映地区市场化水平的总体评分和排序。

### （二）其他控制变量的度量

（1）企业的全要素生产率水平（ln*tfp*）。企业的全要素生产率对企业自身的出口具有正、反两方面的作用。一方面，根据 Melitz（2003）等的新新贸易理论的观点，企业之间不同的生产效率水平决定了企业的出口决策存在差异性。他们认为，只有生产率水平较高的企业才能够克服出口所需的高额固定成本，从而进入国外市场，而生产效率水平较低的企业只能供应国内市场甚至退出。因此，从事出口的企业其生产率水平要高于非出口企业。另一方面，以李春顶和尹翔硕（2009）、李春顶（2010）为首的众多学者研究指出，中国出口企业与非出口企业之间的生产率差异并不符合新新贸易理论的观点。在中国，反而是那些供应国内市场的内销企业的生产率水平要普遍高于从事出口的企业的生产率水平。由此看来，企业生产率对企业出口决策的影响具有不确定性。本章采用 Levinsohn 和 Petrin（2003）提出的半参数估计方法（简称 LP 方法）进行测算，以“中间投入”作为企业中间要素投入的工具变量，使用固定资产净值年余额做资本存量的代理变量（盛丹等，2011）。

（2）企业规模（ln*size*）。企业的生产规模对企业出口贸易的重要性显而易见。相较于规模较小的企业，生产规模较大的企业可以通过规模经济降低成本，以进行专业化生产并实现出口（佟家栋和刘竹青，2014）。此外，生产规模较大的企业往往具有较强的研发能力，其物质资本和人力资本水平均较高，从而生产规模较大的企业更有能力选择出口。因此，预期企业规模对企业出口决策影响的符号为正，采用企业从业人员数的对数值来度量。

（3）工资水平（ln*wage*）。企业工资水平的高低会对企业自身的出口行为产生重要影响。直观地来看，企业的人均工资水平越高，意味着企业的生产成本越高，可能会削弱企业的出口产品价格竞争优势，从而不利于企业出口。然而，工资水平除了能够影响企业的生产成本，还能反映其他信息，人均工资水平高的企业可能意味着其所雇用的劳动者的技能水平较高，从而可以进行研发创新并促进企业出口。本章采用年度应付工资总额与企业从业人员数的比值的对数值来度量。

（4）资本密集度（ln*k*）。企业的资本密集度对企业出口的作用具有不确定性。一方面，由于中国人口众多，劳动力资源丰富，根据国际贸易中的要素禀赋理论，中国会更倾向于出口具有比较优势的劳动密集型产品。因此，企业的资本密集度越高，越不利于企业进入国外市场。另一方面，从现实来看，中国出口产品的结构在不断地优化，已经从主要出口劳动密集型产品为主向对外出口资本密集型产品和技术密集型产品转变（施炳展等，2013）。因此，资本密集度越高的企业，其出口的可能性和出口规模越大。本章用企业固定资产净值年平均余额与从业人员数的比值的对数值来度量。

（5）融资约束（ln*finance*）。Manova（2008）的研究表明，出口融资约束是影响国际贸易的重要因素。大量实证研究也已经证明，企业普遍面临着融资约束问题，而中国的企业整体上所面临的融资约束问题更为严重（于洪霞等，2011）。相较于国内销售，企业要想进入国外市场需要支付高额的沉没成本，如收集信息、开拓销售渠道以及与国外政府机关建立关系等。与此同时，货物在运输过程中也需要占用部分资金。因此，当企业面临融资约束时，由于难以获得融资或者获得融资的成本太高，使得企业无法克服出口进入成本，因此会制约企业的出口能力。本章借鉴孙灵燕和李荣林（2011）的度量方法，采用企业的利息支出与固定资产比值的对数值作为融资约束的代理变量。

（6）外资企业（dwz）。外资企业之所以愿意到中国投资设厂的一个重要原因是中国的劳动力资源丰富且廉价，大多是将中国作为加工平台，所生产的产品主要用来出口。本章加入外资企业的虚拟变量 *dwz* 对此来进行验证。*dwz* 是一个二值虚拟变量，当企业为外资企业时，取值为 1，否则取值为 0。

## 三、数据说明

本章进行实证研究所使用的微观数据来自“中国工业企业数据库”。该数据库是国家统计局根据规模以上的工业法人企业所提交的统计报表资料整理得到，包括了全部的国有企业、年主营业务收入大于等于 500 万元的非国有工业企业①。这里的“工业”是根据“国民经济行业分类标准”划分的，包括B门类的采矿业、C门类的制造业以及D门类的电力、燃气及水的生产和供应业三大类。该数据库对数据库内样本企业的上百个指标的信息进行了全面、详细的统计，是目前国内比较权威和全面的企业微观数据，主要信息包括两大类：第一类，对企业的基本情况进行了统计，主要包括企业的法人代码、企业法人代表的姓名、企业单位名称、企业所在地代码、联系方式、行业类别、登记注册类型、主要产品、开工时间、营业状态、企业规模等信息；第二类，对企业的财务状况进行了统计，主要包括实收资本、年末资产负债（包括流动资产合计、固定资产合计、折旧、固定资产净值年平均余额、流动负债合计、长期负债合计、所有者权益合计、应收账款以及应付账款等指标）、损益及分配（包括企业的主营业务收入、产品销售收入、其他业务收入、管理费用、住房公积和住房补贴、养老和医疗保险费用、研究开发费用、职工教育费用、财务费用、利息支出、利润、补贴收入、利税总额等指标）、工资和福利费以及增值税（包括本年应付工资总额、本年应付福利费总额、本年应交增值税、工业中间投入合计等指标）、现金流量（包括企业经营、投资活动以及筹资活动产生的现金流入和流出等指标）以及工业总产值、工业销售产值、工业增加值、新产品产值和出口交货值等指标。

“中国工业企业数据库”涵盖了大量的企业样本，2000年的企业数目为16万多家，到2007年该数据库共收录了超过33万家的中国工业企业，庞大的数据样本库为本章的实证分析提供了数据支持。考虑到制造业企业是中国出口贸易的主体，中国的工业制成品出口总额占总产品出口的95%（杜传忠和张丽，2013），采用制造业企业出口的面板数据进行实证分析更具有代表意义。在此背景下，选取2000—2007年制造业行业内的企业面板数据（剔除B门类的采矿业、C门类制造业中的废弃资源和废旧材料回收加工业以及D门类的电力、燃气及水的生产和供应业的企业样本）进行实

① 2011年，统计局对“规模以上企业”进行了重新界定，规定每年的销售额大于等于2000万元的企业为规模以上企业。

证研究①，由于企业样本数目众多以及企业信息详尽，本章的研究结论具有一定的代表意义。随后，在具体的实证回归过程中，为了估计结果的准确性，避免异常值对回归结果的不利影响，对企业样本进行如下筛选：首先，剔除任意年份中“出口交货值”存在缺失值或小于零的企业。其次，剔除任意年份中“工业增加值”“中间投入”“固定资产净值年平均余额”“从业人员数”存在缺失值、小于零或者等于零的企业，剔除“利息支出”小于零，“年付工资总额”“固定资产”小于或者等于零的企业。各主要变量的基本特征见表 4-1。

**表 4-1　各主要变量的基本特征**

| 变量 | 观测值 | 均值 | 方差 | 最小值 | 最大值 |
|---|---|---|---|---|---|
| *dex* | 1552181 | 0.2748 | 0.4464 | 0 | 1 |
| ln*ex* | 1552181 | 2.5984 | 4.3134 | 0 | 19.0140 |
| *mar* | 1552181 | 7.6171 | 1.9173 | 0 | 10.9200 |
| *fuza* | 1552181 | 0.8419 | 0.1076 | 0.3605 | 0.9575 |
| ln*tfp* | 1552181 | 6.4183 | 1.1813 | -3.6801 | 13.2315 |
| ln*size* | 1552181 | 4.7306 | 1.1159 | 0 | 12.1450 |
| ln*wage* | 1552181 | 2.3534 | 0.6813 | -7.3715 | 11.2256 |
| ln*k* | 1552181 | 3.5304 | 1.3392 | -6.9856 | 12.2526 |
| ln*finance* | 1036290 | -3.4179 | 1.5017 | -13.7098 | 7.3771 |

## 第四节　全体样本的估计结果及分析

在采用 Heckman 方法进行回归之前，先汇报各关键变量之间的相关系数，以考察模型是否存在严重的多重共线性问题。主要变量的相关系数矩阵如表 4-2 所示。从表 4-2 的相关系数矩阵可以看出，企业的生产规模 ln*size* 与企业的全要素生产率水平 ln*tfp* 之间的相关系数值最大，为 0.4434，其余各变量之间的相关系数值均小于 0.4434。因此，可判定该模型中并不

① 具体的行业名称见附表 9。

存在严重的多重共线性问题。随后，本章采用实证方法对全体样本进行估计，以考察市场化对总体企业出口决策的影响效果。

**表 4-2　主要变量之间的相关系数矩阵**

| 变量 | *mar*×*fuza* | ln*tfp* | ln*size* | ln*wage* | ln*k* | ln*finance* | *dwz* |
|---|---|---|---|---|---|---|---|
| *mar*×*fuza* | 1. 000 | | | | | | |
| ln*tfp* | 0. 0975 | 1. 000 | | | | | |
| ln*size* | −0. 0704 | 0. 4434 | 1. 000 | | | | |
| ln*wage* | 0. 4245 | 0. 3490 | −0. 0028 | 1. 000 | | | |
| ln*k* | −0. 0007 | 0. 1350 | −0. 0494 | 0. 2524 | 1. 000 | | |
| ln*finance* | 0. 0335 | 0. 0856 | −0. 0511 | 0. 0038 | −0. 2981 | 1. 000 | |
| *dwz* | 0. 1385 | 0. 1347 | 0. 1381 | 0. 2309 | 0. 1075 | −0. 0818 | 1. 000 |

## 一、初步估计结果

本部分利用中国 2000—2007 年的制造业企业面板数据，首先采用 Heckman 两阶段选择模型对全体样本进行回归。表 4-3 是采用 Heckman 方法逐步加入控制变量对整体企业样本进行回归所得到的估计结果，其中模型（1）是在控制了行业、地区以及时间固定效应的基础上，除了市场化程度与技术复杂度的交互项 *mar*×*fuza*，只加入了企业的全要素生产率和企业规模作为控制变量的回归结果。模型（2）在此基础上又加入了企业的人均工资水平和企业的资本密集度变量，模型（3）在模型（2）的基础上进一步控制了企业的融资约束变量和外资企业虚拟变量。从表 4-3 中可以看出，这三个模型的实证回归结果都十分稳健。首先，从出口选择方程的估计结果来看，在控制住其他因素对企业出口倾向的影响之后，市场化程度与企业技术复杂度交互项的系数均在 1%的显著性水平上显著为正，这说明地区市场化程度的提高在总体上促进了企业的出口倾向，并且对于技术复杂度越高的企业来说，这些行业内企业的出口可能性越大。其次，从出口规模方程的估计结果来看，在控制住其他因素对企业出口规模的影响之后，市场化程度与企业技术复杂度交互项的系数均在 1%的显著性水平上显著为正，这说明地区市场化程度的提高在总体上促进了企业的出口规模，并且技术复杂度越高的企业，其出口规模越大。由此可见，地区市场化程度的提高不仅提升了高技术复杂度的企业的出口倾向，还扩大了该类企业的出口规模。此外，这三个模型中逆米尔斯比率 λ 的估计系数均在1%的显著性水平下显著，说明模型存在样本选择性偏误，本书采用Heckman两阶段模型进行实证回归是正确的，可以有效解决这一问题。

**表 4-3　初步估计结果**

| 变量 | 模型（1） | | 模型（2） | | 模型（3） | |
|---|---|---|---|---|---|---|
| | 选择方程 | 规模方程 | 选择方程 | 规模方程 | 选择方程 | 规模方程 |
| *mar×fuza* | 0.145*** | 0.217*** | 0.146*** | 0.206*** | 0.141*** | 0.136*** |
| | (0.003) | (0.006) | (0.003) | (0.006) | (0.003) | (0.006) |
| ln*tfp* | 0.053*** | 0.611*** | −0.004*** | 0.514*** | 0.006*** | 0.537*** |
| | (0.001) | (0.002) | (0.001) | (0.002) | (0.002) | (0.003) |
| ln*size* | 0.382*** | 0.784*** | 0.409*** | 0.795*** | 0.390*** | 0.595*** |
| | (0.001) | (0.008) | (0.001) | (0.009) | (0.002) | (0.008) |
| ln*wage* | | | 0.306*** | 0.402*** | 0.205*** | 0.136*** |
| | | | (0.002) | (0.008) | (0.003) | (0.007) |
| ln*k* | | | −0.003*** | 0.069*** | −0.043*** | 0.033*** |
| | | | (0.001) | (0.002) | (0.001) | (0.002) |
| ln*finance* | | | | | 0.014*** | 0.029*** |
| | | | | | (0.001) | (0.002) |
| *dwz* | | | | | 0.889*** | 0.849*** |
| | | | | | (0.004) | (0.016) |
| λ | | 1.497*** | | 1.375*** | | 0.677*** |
| | | (0.033) | | (0.031) | | (0.029) |
| *C* | −3.732*** | −2.590 | −4.327*** | −2.789 | −3.841*** | −3.078*** |
| | (0.031) | (2600.884) | (0.032) | (2590.540) | (0.037) | (0.203) |
| *N* | 1552181 | 426602 | 1552181 | 426602 | 1036290 | 286663 |
| $R^2$ | 0.2084 | 0.3894 | 0.2177 | 0.3942 | 0.2544 | 0.4075 |
| 行业固定 | Yes | Yes | Yes | Yes | Yes | Yes |
| 地区固定 | Yes | Yes | Yes | Yes | Yes | Yes |
| 时间固定 | Yes | Yes | Yes | Yes | Yes | Yes |

注：***表示1%的显著性水平，括号内为各变量估计系数的标准误。

但是，本章在采用 Heckman 进行初步回归过程中可能还存在一个严重的问题——内生性。这可能是因为，其一，尽管在本章的计量模型中已经控制了可能影响企业出口的关键性解释变量，但是还可能存在着遗漏某些重要变量的问题。其二，尽管市场化对企业出口的影响在上述实证分析中已经得到了初步证明，但是市场化与企业出口二者之间还可能存在着反向影响，即地区市场化程度的提高在促进中国企业进入国外市场并扩大出口规模的同时，企业的出口行为也可能进一步影响中国的制度质量——市场化水平。以往关于制度质量与国际贸易关系的研究中，均考虑了制度质量的内生性问题。Johnson 等（2007）曾指出，参与国际分工和发展对外贸易，不仅能够促进一个国家或一个地区的经济增长，还提供了该国或地区改进和完善制度的可能性。许多研究均证实，对外贸易是影响制度安排的重要途径，可以通过减少寻租行为、强化产权保护以及提高契约执行效率等途径，倒逼一个国家或一个地区制度质量的提升。由此可见，市场化程度可能是一个内生变量。在实证分析中，内生性问题的存在会导致估计结果有偏和不一致。为了检验市场化程度与企业出口之间是否存在内生性关系，本部分还进行了内生性检验，Durbin-Wu-Hausman 统计量的 p 值为 0，在 1%的显著性水平上拒绝了市场化水平是外生的假定，说明市场化确实是一个内生变量，本章的实证模型中存在内生性问题。

## 二、内生性问题

考虑到模型的内生性问题，我们需要为市场化程度寻找合适的工具变量。根据工具变量的选择标准：一是工具变量需要与被解释变量呈弱相关关系，二是工具变量需要与内生变量呈强相关关系。为此，本章选取市场化指数的滞后一期变量作为工具变量，采用 2SLS（二阶段最小二乘）方法对 Heckman 选择模型进行实证估计，估计结果如表 4-4 所示。

模型（1）、模型（2）以及模型（3）的设计与表 4-3 中采用 Heckman 选择模型进行实证回归的逻辑相同，都是采用逐步加入控制变量的做法。我们重点关注模型（3）的回归结果，从市场化程度与技术复杂度的交互项 *mar*×*fuza* 的估计系数可以看出，在考虑了市场化程度的内生性之后，采用2SLS对Heckman选择模型进行回归的结果依然显示，无论是出口选择决定方程，还是出口规模决定方程中市场化与技术复杂度二者交互项的估计系数值均显著为正，并且在1%的水平上显著。这表明，在有效控制市场化变量的内生性、企业自身的特征变量包括企业的全要素生产率、企业规模、平均工资水平等关键解释变量，以及行业、地区和时间固定效应对企业出口行为的影响之后，地区市场化程度的提高在总体上能够显著提升企业的出口可能性以及扩大企业的出口规模，并且对技术复杂度越高的行业的出口促进作用更加明显，即市场化水平的提高能够显著促进高技术复杂度的企业的出口扩展边际和集约边际，这与表4-3的估计结果保持了一致性。并且，相较于表4-3的估计系数，在考虑到市场化的内生性之后，其与技术复杂度交互项的估计系数值增大，这说明不考虑模型内生性问题容易造成估计结果的低估。此外，为判断工具变量的选取是否有效，本章还对市场化的滞后一期项进行了检验。检验结果表明不存在弱工具变量，证明所选取的工具变量是有效的。

**表4-4 基于2SLS的Heckman选择模型估计结果**

| 变量 | 模型（1） | | 模型（2） | | 模型（3） | |
|---|---|---|---|---|---|---|
| | 选择方程 | 规模方程 | 选择方程 | 规模方程 | 选择方程 | 规模方程 |
| *mar×fuza* | 0.145*** | 0.272*** | 0.146*** | 0.264*** | 0.141*** | 0.195*** |
| | (0.003) | (0.008) | (0.003) | (0.008) | (0.003) | (0.009) |
| ln*tfp* | 0.053*** | 0.627*** | -0.004*** | 0.524*** | 0.006*** | 0.543*** |
| | (0.001) | (0.003) | (0.001) | (0.003) | (0.002) | (0.004) |
| ln*size* | 0.382*** | 0.819*** | 0.409*** | 0.835*** | 0.390*** | 0.627*** |
| | (0.001) | (0.010) | (0.001) | (0.011) | (0.002) | (0.009) |
| ln*wage* | | | 0.306*** | 0.425*** | 0.205*** | 0.142*** |
| | | | (0.002) | (0.010) | (0.003) | (0.008) |
| ln*k* | | | -0.003*** | 0.063*** | -0.043*** | 0.029*** |
| | | | (0.001) | (0.002) | (0.001) | (0.003) |
| ln*finance* | | | | | 0.014*** | 0.029*** |
| | | | | | (0.001) | (0.002) |

续表

| 变量 | 模型（1） | | 模型（2） | | 模型（3） | |
|---|---|---|---|---|---|---|
| | 选择方程 | 规模方程 | 选择方程 | 规模方程 | 选择方程 | 规模方程 |
| *dwz* | | | | | 0.889*** | 0.906*** |
| | | | | | (0.004) | (0.019) |
| $\lambda$ | | 1.633*** | | 1.525*** | | 0.786*** |
| | | (0.041) | | (0.039) | | (0.035) |
| *C* | -3.732*** | -2.589*** | -4.327*** | -3.226*** | -3.841*** | 0.090 |
| | (0.031) | (0.166) | (0.032) | (0.173) | (0.037) | (0.155) |
| *N* | 1552181 | 298826 | 1552181 | 298826 | 1036290 | 210008 |
| $R^2$ | 0.2084 | 0.3966 | 0.2177 | 0.4005 | 0.2544 | 0.4124 |
| 行业固定 | Yes | Yes | Yes | Yes | Yes | Yes |
| 地区固定 | Yes | Yes | Yes | Yes | Yes | Yes |
| 时间固定 | Yes | Yes | Yes | Yes | Yes | Yes |

注：***表示1%的显著性水平，括号内为各变量估计系数的标准误。

既然随着地区市场化程度的提高，技术复杂度越高的企业的出口倾向和出口规模越大，那么这种促进作用会更多地通过哪种途径表现呢？是企业的扩展边际渠道还是集约边际渠道呢？对这一问题的解答将有利于我们加深市场化改革对中国企业出口行为的作用途径的理解。由于企业出口概率 *dex* 与企业出口规模 ln*ex* 的度量单位不一致，无法直接对估计系数进行比较，为了回答上述问题，将表 4-4 三个模型中市场化程度与技术复杂度交互项的估计系数标准化。系数标准化的计算公式为：$\alpha_1'=\alpha_1\times S(mar\times fuza)/S(dex)$ 和 $\beta_1'=\beta_1\times S(mar\times fuza)/S(\ln ex)$，其中 $\alpha_1$ 和 $\beta_1$ 分别表示 *Heckman* 两阶段模型中出口选择方程和出口规模方程中交互项的估计系数值，$\alpha_1'$和 $\beta_1'$分别表示对其进行标准化后的系数，$S(\cdot)$表示变量的标准差。若 $\alpha_1'>\beta_1'$，则说明市场化程度的提高对技术复杂度越高的企业的出口促进作用更多地体现在扩展边际上，反之则反是。标准化后的估计系数如表 4-5 所示。

从表 4-5 对估计系数进行标准化后的结果可以看出，在逐步加入控制变量采用 2SLS 对 Heckman 选择模型进行回归的这三个模型中，$\alpha_1'$的取值范围均接近 0.6，而 $\beta_1'$的取值均在 0.1 左右，即 $\alpha_1'$均显著大于 $\beta_1'$，这说明尽管随着中国地区市场化程度的提高，技术复杂度越高的企业的出口倾向以及出口规模会显著增大，但是这种促进作用更多地体现在出口倾向方面，对出口扩展边际的影响要明显大于对出口集约边际的影响。

**表 4-5　交互项进行标准化后的估计系数**

| 变量 | 模型（1） | 模型（2） | 模型（3） |
|---|---|---|---|
| $\alpha_1'$出口选择系数 | 0.5917 | 0.5958 | 0.5754 |
| $\beta_1'$出口规模系数 | 0.1098 | 0.1066 | 0.0787 |

从表 4-4 中其他控制变量的估计系数来看：

（1）企业的生产效率（ln*tfp*）。企业生产效率在 1%的统计水平上显著促进了企业的出口倾向和出口规模。这个很好理解，根据新新贸易理论，只有那些生产率水平较高的企业才可以通过克服国外市场的壁垒进入国际市场。本书的估计结果进一步证实了这一观点，企业的全要素生产率水平越高，企业的出口可能性越高，出口规模越大。

（2）企业规模（ln*size*）。从表 4-4 中的估计系数来看，企业规模在 1%的统计水平上显著且较大幅度地提升了企业的出口倾向并扩大了企业的出口规模。这可能是因为，企业的规模越大，在采购生产资料时一般具有较好的议价能力，能够以较低的成本进行生产。此外，生产规模越大的企业，越有可能进行研发活动和技术创新，提升产品质量从而实现出口。

（3）企业的工资水平（ln*wage*）。由其估计系数可以看出，企业的出口可能性和出口规模与企业的平均工资水平存在着显著的正相关关系。这说明工资水平的提高代表着企业所雇用的劳动力的素质较高，能够提升企业的研发水平，进而提升企业的出口概率，促进企业出口规模的增加。

（4）企业的资本密集度（ln*k*）。从其估计系数可以看出，资本密集度的提高不利于企业出口概率的提升，却在 1%的显著性水平上显著促进了企业的出口规模。企业的资本密集度越高，企业的出口倾向就越低，这说明低廉的劳动力是中国企业选择出口的比较优势，资本密集度越低越有利于企业进入国外市场。然而，企业一旦进入国外市场，面对激烈的市场竞争，只有具有核心竞争力的企业才能生存下来。资本密集度越高，这说明每个劳动力配备的设备和技术条件越好，越有利于生产效率的提高，因此企业的出口规模会越大。

（5）融资约束（ln*finance*）。融资约束的估计结果显示，其能够在 1%的显著性水平上显著影响企业的出口行为。如果一个国家的金融市场越不发达，所面临的融资约束越强的产业，其出口企业的数量和出口规模越少。在本章中，融资约束采用企业的利息支出与固定资产的比值来度量，其值越高说明企业所处的融资环境越好，越容易克服出口的固定成本，因此能够进入国外市场并扩大出口规模。

（6）外资企业（dwz）。一般来说，进入中国的外资企业大部分都是“资源寻求型”，而不是“市场导向型”。因此，外资企业更容易实现出口并扩大出口规模。

## 三、稳健性检验

为了检验上述研究结论的稳固性是否会因为市场化水平度量指标的不同而存在差异，本章将采用地区市场化程度的不同度量指标对模型采用 Heckman 方法做进一步估计。樊纲（2000）指出，中国在渐进式改革的道路上，一个主要的成就就是发展起了以市场配置资源为导向的非国有经济。虽然非国有经济的发展程度只能反映各地区市场化水平的一个方面，但是其发展水平的高低却与各地区市场经济体制中各个方面的发展状况存在着千丝万缕的关系（蒋殿春和张宇，2008）。因此，本章参照蒋殿春和张宇（2008）以及李富强等（2008）的做法，采用非国有经济的发展来衡量各地区的市场化水平。各地区非国有经济发展水平的数据来源于樊纲等（2011）编制的地区市场化指数的分项指标。稳健性检验的回归结果见表 4-6。

表 4-6 稳健性检验中的前两列是采用 Heckman 选择模型对全体样本进行回归的结果，后两列是在考虑了模型内生性之后，采用 2SLS 方法对 Heckman 选择模型进行实证回归的结果。从表 4-6 中可以看出，在控制其他解释变量对企业出口行为的影响之后，作为本章的关键解释变量，与前面的实证回归结果相比较，市场化程度与企业技术复杂度的交互项 *mar*×*fuza* 的估计系数虽然大小存在变化，但是与企业出口倾向和出口规模的正

相关关系仍然未改变，即地区市场化程度的提高在1%的显著性水平上促进了企业的出口抉择，并且对于技术复杂度越高的企业来说，其出口可能性和出口规模会更大。同时，对这两个模型的估计系数进行标准化后的系数值分别为：0. 2273、0. 0427 和 0. 2273、0. 0716。由此可见，即使在采用地区非国有经济的发展水平作为地区市场化程度的代理指标后，也依然有地区市场化程度的提高能够显著促进技术复杂度较高行业内企业的出口倾向和出口规模，并且这种促进作用更多地体现在企业出口的扩展边际方面，这在一定程度上证实了本章研究结论的稳健性。此外，其他控制变量的回归系数的符号与前文采用市场化指数作为地区市场化程度的代理指标进行回归的估计系数的正负号基本保持一致，在此不再赘述。

**表 4-6　稳健性检验的回归结果**

| 变量 | Heckman | | 工具变量 Heckman | |
|---|---|---|---|---|
| | 选择方程 | 规模方程 | 选择方程 | 规模方程 |
| *mar×fuza* | 0. 038*** | 0. 068*** | 0. 038*** | 0. 122*** |
| | (0. 002) | (0. 004) | (0. 002) | (0. 006) |
| ln*tfp* | 0. 004** | 0. 535*** | 0. 004** | 0. 540*** |
| | (0. 002) | (0. 003) | (0. 002) | (0. 004) |
| ln*size* | 0. 391*** | 0. 602*** | 0. 391*** | 0. 630*** |
| | (0. 002) | (0. 008) | (0. 002) | (0. 009) |
| ln*wage* | 0. 203*** | 0. 136*** | 0. 203*** | 0. 135*** |
| | (0. 003) | (0. 007) | (0. 003) | (0. 008) |
| ln*k* | -0. 044*** | 0. 033*** | -0. 044*** | 0. 030*** |
| | (0. 001) | (0. 002) | (0. 001) | (0. 003) |
| ln*finance* | 0. 014*** | 0. 031*** | 0. 014*** | 0. 031*** |
| | (0. 001) | (0. 002) | (0. 001) | (0. 002) |
| *dwz* | 0. 892*** | 0. 865*** | 0. 892*** | 0. 908*** |
| | (0. 004) | (0. 016) | (0. 004) | (0. 019) |
| $\lambda$ | | 0. 705*** | | 0. 786*** |
| | | (0. 029) | | (0. 035) |
| *C* | -3. 251*** | -2. 982*** | -3. 251*** | 0. 513*** |
| | (0. 034) | (0. 199) | (0. 034) | (0. 138) |

续表

| 变量 | Heckman | | 工具变量 Heckman | |
|---|---|---|---|---|
| | 选择方程 | 规模方程 | 选择方程 | 规模方程 |
| $N$ | 1036290 | 286663 | 1036290 | 210008 |
| $R^2$ | 0.2530 | 0.4076 | 0.2530 | 0.4126 |
| 行业固定 | Yes | Yes | Yes | Yes |
| 地区固定 | Yes | Yes | Yes | Yes |
| 时间固定 | Yes | Yes | Yes | Yes |

注：**和***分别表示5%和1%的显著性水平，括号内为各变量估计系数的标准误。

## 第五节　分组样本的估计结果及分析

地区市场化程度的提高对企业出口的影响可能会因为样本特点的不同而存在显著差异，因此，本章在随后的部分将按照企业所在地区的不同、企业所有制特点以及行业技术复杂度的不同进行分组回归，以考察市场化水平对企业出口促进作用的差异性。

### 一、分地区的样本估计结果

1978 年以来，中国开始从计划经济向市场经济转轨。虽然从整体上来看，中国市场化进程的推进取得了重大成功，但是由于地理位置、国家政策的倾斜等原因，各地区之间的市场化程度却存在着极大的不平衡。例如，东部地区是对外开放的窗口，市场化进程快速推进，已经取得了决定性进展，而西部地区地处内陆，非市场因素还在经济运行中占有重要地位（孙铮等，2005），政府部门对市场经济的干预还较多，经济行为主体缺乏活力。李建伟（2017）也指出，我国经济改革在空间上存在非均衡性。为了分析市场化水平对中国企业出口行为影响的地区差异，本部分将全部样本按照企业所在地区分为东部地区、中部地区以及西部地区分别进行实证回归，回归结果如表 4-7 所示。由表 4-7 的估计结果可以看出，东部地区、中部地区以及西部地区市场化程度的提高均在 1%的显著性水平上显著提升了技术复杂度较高的企业的出口倾向和出口规模。

**表 4-7 分地区的实证检验**

| 变量 | 东部地区 | | 中部地区 | | 西部地区 | |
|---|---|---|---|---|---|---|
| | 选择方程 | 规模方程 | 选择方程 | 规模方程 | 选择方程 | 规模方程 |
| *mar×fuza* | 0.114*** | 0.137*** | 0.225*** | 0.442*** | 0.165*** | 0.418*** |
| | (0.004) | (0.009) | (0.008) | (0.043) | (0.017) | (0.097) |
| ln*tfp* | -0.009*** | 0.551*** | 0.020*** | 0.496*** | 0.051*** | 0.573*** |
| | (0.002) | (0.004) | (0.004) | (0.010) | (0.007) | (0.028) |
| ln*size* | 0.411*** | 0.625*** | 0.326*** | 0.837*** | 0.399*** | 1.066*** |
| | (0.002) | (0.009) | (0.004) | (0.045) | (0.007) | (0.135) |
| ln*wage* | 0.211*** | 0.158*** | 0.183*** | 0.244*** | 0.119*** | 0.166*** |
| | (0.004) | (0.009) | (0.007) | (0.032) | (0.013) | (0.058) |
| ln*k* | -0.051*** | 0.024*** | -0.032*** | 0.031*** | 0.070*** | 0.297*** |
| | (0.002) | (0.003) | (0.003) | (0.010) | (0.006) | (0.031) |
| ln*finance* | 0.010*** | 0.020*** | 0.027*** | 0.081*** | 0.060*** | 0.231*** |
| | (0.001) | (0.002) | (0.003) | (0.008) | (0.005) | (0.026) |
| *dwz* | 0.924*** | 0.870*** | 0.689*** | 1.395*** | 0.782*** | 2.052*** |
| | (0.004) | (0.020) | (0.012) | (0.095) | (0.021) | (0.266) |
| $\lambda$ | | 0.753*** | | 1.679*** | | 2.507*** |
| | | (0.036) | | (0.193) | | (0.457) |
| *C* | -3.758*** | 0.689*** | -3.860*** | -2.882*** | -4.235*** | -5.829*** |
| | (0.056) | (0.175) | (0.067) | (0.754) | (0.115) | (1.917) |
| *N* | 728048 | 177402 | 215091 | 24927 | 93151 | 7679 |
| $R^2$ | 0.2433 | 0.4033 | 0.1885 | 0.4392 | 0.2423 | 0.3224 |
| 行业固定 | Yes | Yes | Yes | Yes | Yes | Yes |
| 地区固定 | Yes | Yes | Yes | Yes | Yes | Yes |
| 时间固定 | Yes | Yes | Yes | Yes | Yes | Yes |

注：***表示1%的显著性水平，括号内为各变量估计系数的标准误。

前文分析结果显示，相较于企业的出口规模，市场化程度的提高更能显著促进技术复杂度越高的企业的出口倾向，即尽管市场化促进了中国出口贸易的发展，但这种促进作用更多的是依靠出口企业数量的扩张，而非企业出口量的增加。因此，本部分主要分析市场化对企业出口扩展边际的地区差异性。由于 Heckman 选择模型中的第一步是采用 Probit 模型对企业出口概率进行回归，被解释变量是出口的二值虚拟变量，因此所估计出来的系数不能像线性模型一样直接表示解释变量的边际作用。为了比较市场化程度对企业出口倾向的地区差异，本部分计算出了各个分样本估计结果的边际系数，如表 4-8 所示。

**表 4-8　市场化对企业出口倾向的分组差异**

| 交互项的边际系数 | 东部地区 | 中部地区 | 西部地区 | 国有企业 | 民营企业 | 外资企业 |
|---|---|---|---|---|---|---|
| | 0.0309 | 0.0434 | 0.0238 | 0.0157 | 0.0361 | 0.0252 |

从表 4-8 中可以看出，尽管东部、中部和西部这三个地区市场化水平的提高对企业的出口倾向都具有显著的促进作用，但是这种促进作用的大小却存在着较大的差异性，对企业出口概率的影响大小依次为中部地区、东部地区和西部地区。这一结论也很好理解，从中国目前的情况来看，中国的总体市场化水平尽管有了明显的提高，但是各地区的市场化发展状况不一，东部地区的市场化进程推行得较早，其水平显著高于中部地区，而中部地区的市场化程度又高于西部地区。

通过对本章样本进行简单统计发现，这三个地区的市场化水平无论是均值还是最大值，市场化程度高低的排列顺序都依次为东部地区、中部地区和西部地区。对中部地区来说，相较于东部地区，中部地区的市场化进程还不够完善，中部地区的企业所受到的制度制约和所需要支付的交易费用要远高于东部地区。因此，在当制度环境的改善提高了交易信息的透明度并降低交易成本时，相较于东部地区，交易成本的降低对中部地区内的企业出口边际效应更大，更能促进中部地区内企业的出口倾向。

然而，对于西部地区来说，尽管已经经历了 40 余年的改革开放，但是由于深居内陆、远离沿海开放地区，且国家对西部地区倾斜发展的优惠政策相对较少，导致西部地区经济发展相对落后，市场化水平与东部和中部地区还存在较大差异。因此，该地区市场化程度的提高未能显著促进区内企业出口概率的提升，可能是还未达到市场化水平提升企业出口概率的门槛值。

## 二、分企业所有制类型的样本估计结果

地区市场化程度的提高改善了当地的制度环境，降低了企业生产经营过程中的交易成本，对于不同类型的企业来说，其出口会做何反应呢？为此，本部分按照所有制类型将样本企业划分为国有企业、民营企业以及外资企业，分别采用 2SLS 对 Heckman 选择模型进行实证回归，结果见表 4-9。

**表 4-9　分所有制的实证检验**

| 变量 | 国有企业 | | 民营企业 | | 外资企业 | |
|---|---|---|---|---|---|---|
| | 选择方程 | 规模方程 | 选择方程 | 规模方程 | 选择方程 | 规模方程 |
| *mar*×*fuza* | 0.083*** | 0.444*** | 0.157*** | 0.287*** | 0.077*** | 0.165*** |
| | (0.013) | (0.052) | (0.004) | (0.016) | (0.007) | (0.013) |
| ln*tfp* | 0.091*** | 0.605*** | 0.012*** | 0.563*** | -0.053*** | 0.433*** |
| | (0.006) | (0.022) | (0.002) | (0.005) | (0.004) | (0.006) |
| ln*size* | 0.431*** | 1.355*** | 0.409*** | 0.730*** | 0.327*** | 0.934*** |
| | (0.007) | (0.066) | (0.002) | (0.022) | (0.004) | (0.017) |
| ln*wage* | 0.118*** | 0.286*** | 0.191*** | 0.200*** | 0.213*** | 0.288*** |
| | (0.011) | (0.041) | (0.004) | (0.014) | (0.006) | (0.015) |
| ln*k* | 0.089*** | 0.366*** | -0.046*** | -0.021*** | -0.065*** | 0.028*** |
| | (0.007) | (0.024) | (0.002) | (0.005) | (0.003) | (0.005) |
| ln*finance* | 0.053*** | 0.223*** | 0.023*** | 0.051*** | -0.022*** | -0.004 |
| | (0.004) | (0.015) | (0.001) | (0.003) | (0.002) | (0.003) |
| $\lambda$ | | 2.933*** | | 1.212*** | | 2.123*** |
| | | (0.220) | | (0.078) | | (0.101) |
| *C* | -5.027*** | -11.333*** | -3.884*** | -1.133*** | -1.920*** | -1.337*** |
| | (0.125) | (1.038) | (0.044) | (0.316) | (0.100) | (0.263) |
| *N* | 76842 | 9628 | 780193 | 120524 | 179076 | 79856 |
| $R^2$ | 0.2979 | 0.4712 | 0.1972 | 0.3564 | 0.1344 | 0.4502 |
| 行业固定 | Yes | Yes | Yes | Yes | Yes | Yes |
| 地区固定 | Yes | Yes | Yes | Yes | Yes | Yes |
| 时间固定 | Yes | Yes | Yes | Yes | Yes | Yes |

注：***表示 1%的显著性水平，括号内为各变量估计系数的标准误。

从表 4-9 中的估计结果可以看出，无论是国有企业、民营企业还是外资企业，市场化程度与技术复杂度的交互项的估计系数均在 1%的显著性水平上显著为正。这说明，随着地区市场化程度的提高，国有企业、民营企业以及外资企业中技术复杂度越高的企业其出口倾向和出口规模越大。

同样地，为了比较市场化程度的提高对企业出口倾向的所有制差异性，本章对市场化程度与技术复杂度的交互项系数进行处理后的边际系数如表 4-8 所示。由表 4-8 中交互项的边际系数值可以看出，市场化水平的提高对不同所有制中技术复杂度高的企业的出口倾向的影响程度存在差异性，影响大小依次为民营企业、外资企业和国有企业。对国有企业来说，结合中国的现实情况，一方面，由于国有企业在国内市场处于垄断地位，可以获得垄断利润，出口动机不强（施炳展和冼国明，2012）。另一方面，中国的国家政策并不是一视同仁的，而是有所侧重、有所倾斜。相较于民营企业，国有企业享受到了民营企业享受不到的种种制度优惠，它们基本上不存在制度约束问题，因此地区制度环境的改善对其出口参与起不到关键作用。这也就解释了为何地区市场化程度的提高对民营企业出口参与的作用更大，这是因为，相较于国有企业与外资企业，作为中国经济中具有活力的中小民营企业却遭受到了严重的制度歧视，如需要支付额外的交易费用、承担着高额的行政成本等，因此民营企业的出口行为更容易受到制度环境的影响。由此可见，当地区市场化水平提高降低交易费用时，能够显著促进此类企业的出口倾向。

## 三、分行业技术复杂度的样本估计结果

由于存在中间产品要素密集度等各个方面的差异，不同行业之间的生产环节和生产关系的复杂程度不同，对制度环境具有不同的依赖性。因此，当地区市场化程度提高并改善了当地的交易环境以后，具有不同技术复杂度的行业在进行生产经营活动时，交易成本下降的幅度可能存在差异。因此，根据所计算行业的技术复杂度，本部分以均值为界将制造业行业分为高技术复杂度行业和低技术复杂度行业，并分别进行实证检验，结果见表 4-10。

表4-10显示，地区市场化程度的提高虽然在1%的显著性水平上显著促进了所有行业内企业出口概率的提升，但却仅仅促进了高技术复杂度的企业的出口规模，对低技术复杂度行业的出口规模的影响并不显著。这是因为在同一地区内，对于较高层次即高技术复杂度的企业，其生产环节和中间投入较多，生产关系复杂，对市场化程度的提高所带来的交易风险和交易费用的降低更为敏感。而低技术复杂度的企业其生产环节较为简单，对制度环境的依赖性较低，从而对市场化程度所决定的交易成本不太敏感。因此，地区市场化程度的提高能够对高技术复杂度企业的出口倾向和出口规模的促进作用更为突出。这也从另一个方面证明了本章的观点，即市场化程度对企业出口行为的影响大小还要取决于其自身的技术复杂度水平。并且，这也说明市场化对企业的出口促进作用主要体现在提升企业的出口倾向方面。

**表4-10　分行业技术复杂度的实证检验**

| 变量 | 高技术复杂度 | | 低技术复杂度 | |
|---|---|---|---|---|
| | 选择方程 | 规模方程 | 选择方程 | 规模方程 |
| *mar×fuza* | 0.227*** | 0.275*** | 0.080*** | 0.017 |
| | (0.006) | (0.027) | (0.005) | (0.012) |
| ln*tfp* | 0.009*** | 0.531*** | 0.005* | 0.557*** |
| | (0.002) | (0.005) | (0.003) | (0.006) |
| ln*size* | 0.395*** | 0.622*** | 0.381*** | 0.641*** |
| | (0.002) | (0.012) | (0.003) | (0.013) |
| ln*wage* | 0.214*** | 0.129*** | 0.194*** | 0.180*** |
| | (0.004) | (0.011) | (0.005) | (0.012) |
| ln*k* | -0.029*** | 0.042*** | -0.059*** | 0.017*** |
| | (0.002) | (0.004) | (0.002) | (0.005) |
| ln*finance* | 0.017*** | 0.040*** | 0.009*** | 0.018*** |
| | (0.001) | (0.003) | (0.002) | (0.003) |
| *dwz* | 0.865*** | 0.928*** | 0.923*** | 0.897*** |
| | (0.005) | (0.026) | (0.006) | (0.030) |
| $\lambda$ | | 0.820*** | | 0.774*** |
| | | (0.048) | | (0.054) |

续表

| 变量 | 高技术复杂度 | | 低技术复杂度 | |
|---|---|---|---|---|
| | 选择方程 | 规模方程 | 选择方程 | 规模方程 |
| C | -4.299*** | 0.111 | -3.871*** | -0.135 |
| | (0.054) | (0.273) | (0.065) | (0.230) |
| N | 638302 | 121716 | 397870 | 88292 |
| $R^2$ | 0.2500 | 0.3929 | 0.2637 | 0.4429 |
| 行业固定 | Yes | Yes | Yes | Yes |
| 地区固定 | Yes | Yes | Yes | Yes |
| 时间固定 | Yes | Yes | Yes | Yes |

注：*和***分别表示10%和1%的显著性水平，括号内为各变量估计系数的标准误。

## 第六节　本章小结

改革开放以来，凭借低成本这一传统竞争优势，中国出口贸易取得了空前发展，甚至超过德国成为世界第一出口大国。然而，伴随着全球性金融危机的爆发与蔓延，外需不足以及贸易保护主义的抬头，使得中国出口贸易的发展处在一个关键时期。如何保持中国出口贸易的平稳增长，构建对外贸易发展的新型比较优势，成为当前学界和政府关心的重中之重。与此同时，经过较长时间的改革历程，中国的市场化进程不断推进，市场已经开始在经济运行中居于主导地位。在此背景下，本章选取“中国工业企业数据库”中2000—2007年的制造业企业面板数据，从交易成本的角度实证研究了地区市场化程度的提高会对中国企业的出口产生怎样的影响，重点关注企业的出口倾向和出口规模。具体地，本章采用樊纲等（2011）编制的市场化指数作为地区市场化程度的代理变量，在控制模型内生性的基础上，采用2SLS（二阶段最小二乘）方法使用Heckman选择模型进行实证回归。并得到以下结论：

（1）市场化程度的提高可以减少经济运行过程中的不确定性和交易费用。在充分控制了与企业出口相关的企业特征因素的影响，并考虑到市场化水平的内生性之后，市场化程度的提高在总体上能够显著促进企业的出口倾向和出口规模，并且对技术复杂度越高的企业，市场化的出口促进作用更为突出。本章进一步的分析还发现，这种促进作用更多地体现在出口企业数目的增加，而非企业出口规模的扩张。在采用非国有经济的发展水平对地区市场化程度重新度量进行稳健性检验之后发现，该结论依然稳健。

（2）为了分析市场化对企业出口行为影响的差异性，本章对样本企业按照企业所在地区和所有制性质的不同进行了分样本检验。实证结果表明，尽管市场化水平的提高均显著促进了不同分样本企业的出口倾向和出口规模，但是在重点考察其对企业出口倾向的促进作用后却发现，市场化对高技术复杂度企业出口倾向的作用大小却存在较大的差异性。具体而言，对东部、中部和西部这三个地区来说，市场化程度的提升对技术复杂度越高的企业的出口倾向的促进作用大小依次为中部地区、东部地区和西部地区。对国有、民营和外资企业来说，市场化对这三类企业中高技术复杂度企业的出口倾向的促进作用大小依次为民营企业、外资企业和国有企业。此外，在按照行业的技术复杂度进行分样本回归后发现，市场化程度的提高能够显著促进高技术复杂度企业的出口倾向和出口规模，但是仅能促进低技术复杂度企业的出口概率，对其出口规模没有显著影响。这再次印证了本章的主要观点，即随着市场化程度的提高，对技术复杂度越高的企业的出口促进作用越显著，并且这种促进作用更多的是体现在扩展边际即出口概率方面。

上述结论对于理解中国出口贸易的增长具有重要意义。第一，关于中国出口贸易快速扩张的原因，如果仅仅从低成本的廉价劳动力等要素禀赋方面来解释，或者基于全球价值链分工体系中低端生产与组装环节的角度来解释，可能并不能进行全面的阐释。在转型背景下，中国特殊的市场化制度有助于促进信息交流，并能够降低交易中所存在的机会主义行为和交易费用，最终有利于中国企业低成本竞争优势的发挥，进而促进中国出口贸易的增长。第二，中国政府在通过经济体制改革推动出口贸易增长的过程中还需要考虑企业特征因素，特别是企业的技术复杂度。为此，中国应加大技术研发，提升制造业的整体技术水平。从税收、资金等方面对那些从事高新技术的产业和研发投入力度较大的企业给予鼓励和支持，从而促进企业技术复杂度的提升。

# 第五章　市场化与中国企业出口产品多样化

从理论发展上来看，无论是李嘉图的比较优势理论模型还是赫克歇尔—俄林的要素禀赋理论模型，都强调了生产以及出口的集中化与专业化。他们认为一个国家或一个地区只有实现了生产以及出口的集中化、专业化发展，才可能最大限度地发挥自身的比较优势，最终从贸易中得利。与此同时，由贸易所引致的生产以及出口的专业化也会促进生产率的提高，进而有助于实现经济增长。

规模经济贸易理论认为，由于企业进行出口可以扩大市场规模，因此，一个国家或一个地区在那些具有规模经济的行业中实行生产以及出口的专业化则有利于实现规模经济。由此可见，众多理论都强调了出口专业化的重要性，但是对于经济发展水平较低的发展中经济体来说，盲目追求生产以及出口的专业化并不见得一定就可以促进本国的经济增长（张明志等，2013）。

对自然资源丰富、劳动力低廉的发展中经济体来说，为了追求专业化发展，有可能导致本国固定于技术含量低的初级产品的生产以及出口。从长远来看，可能会降低本国的技术发展潜力并陷入贫困化经济增长的陷阱，最终不利于经济发展水平的提高。

一个国家或一个地区如果实现了生产以及出口产品的多样性就可以通过“多元组合效应”来缓解由出口产品价格和数量波动所造成的出口收入的剧烈波动，最终有助于本国产出的短期稳定和长期增长。此外，出口多样化还可以通过动态外溢效应（Pineres 和 Ferrantino，2000）、成本发现效应（Hausmann 和 Rodrik，2003）以及需求发现效应（Vettas，2000）等机制，最终促进本国生产率水平的提升并成为经济快速增长的动力源泉。随着贸易数据的可得性，目前关于出口产品多样化对一个国家或一个地区经济增长的关系已经有了较为系统的研究，并且大部分研究均已经表明出口产品的多元性能够通过增加出口额、改善出口商品结构以及减缓贸易摩擦等进而推动一国经济发展。针对中国当前所面临的国际市场需求的下降，促进中国企业出口产品的多样化可以有效稳定企业的出口。

1978年以来，中国积极推进经济体制改革，各地区的市场化程度大幅度提高。完善的制度被认为是中国出口贸易快速发展的重要基础（聂辉华等，2012），作为经济制度主要表现形式的市场化，其水平的提高能否提升企业出口产品的多样化水平，增强其抵御外部冲击的能力呢？其背后的传导机制又是什么？

针对这些问题，本章将选取中国2000—2007年的微观企业面板数据进行实证探讨。本章的结构安排如下：第一节是市场化程度的提高对企业出口产品多样性的作用机制梳理；第二节是模型构建及数据说明；第三节是全体样本的估计结果及分析；第四节是分样本的估计结果及分析；第五节是本章小结。

## 第一节　作用机制分析

出口增长的发展模式分为两种类型：出口的专业化和出口的多样化。传统国际贸易理论观点认为，国际贸易的利得主要来源于由专业化生产与分工所形成的资源优化配置效率的提高。但是在20世纪70年代后期，由于产业内贸易、FDI以及区域经济合作等实践的快速推进，以美国经济学家Krugman（1979、1980、1981）等为首的众多研究者开始将产业组织理论以及市场结构理论纳入国际贸易领域，通过引入规模经济、垄断竞争以及差异性产品等范畴，将国际贸易利得的来源扩展到规模报酬的递增以及产品的多样化等领域。众多经验研究均已表明，出口产品多样化能够显著促进一个国家或一个地区经济发展水平的提高（Feenstra等，1999；韩剑，2009）。

面对国际市场上所存在的诸多不确定性，实现出口产品的多样化还可以在某种程度上帮助本国抵御外部需求低迷甚至国外消费者偏好改变、产品价格波动等对出口贸易以及产出所造成的不利冲击（Bleaney和Greenaway，2001）。因此，对于一些经济发展水平较低、经济增长模式高度依赖于出口贸易的发展中经济体来说，实行出口产品的多元化战略是其经济发展过程中的有效途径（Imbs 和 Wacziarg，2003）。

由于一国的政治与经济环境、法制建设等制度安排会直接影响其国内厂商的生产、经营行为，因此制度质量与出口贸易二者之间存在着密切的关系。Cabral 和 Veiga（2010）就撒哈拉以南的非洲地区内经济体的制度质量对出口产品多样化的影响效果进行了实证分析，研究结果表明，政府治理腐败的能力、政治公开度以及产权保护等方面都是影响出口产品多样化程度的重要因素，并且影响方向显著为正。Kamuganga（2012）对非洲 49 个经济体出口多样化的决定因素进行了考察，发现一国不完善的金融市场、出口制度以及汇率波动均会制约其出口多样化。

就中国来说，1978 年实行经济体制改革以来，中国的经济制度不断得到完善，市场化进程快速推进并取得了决定性进展。地区市场化程度的提高会对企业的生产经营行为产生强有力的影响，最终会促进企业出口产品多样化程度的提高。具体而言，一方面，由于市场经济最核心的本质功能是自由竞争，随着地区市场化程度的提高，市场竞争会变得越来越充分。此时，同质性产品的盈利空间被压缩，使得差异性产品的扩张成为企业应对竞争的必要手段（易先忠等，2014）。为了维持市场份额并获得利润，企业会采取差异化竞争战略，通过加大研发投入采用新技术和新工艺对其产品进行改进和创新，进行差异化产品的研发和生产。另一方面，地区市场化程度的提高所引致的市场竞争效应还可以促进企业生产效率的提升。随着地区市场化进程的推进，市场竞争程度加剧。为了在日益激烈的市场竞争中脱颖而出，迫于生存压力，企业不得不通过进行更多的研发与创新活动、提升运营效率以及提高管理水平等措施来保持市场份额，以免被淘汰。同时，激烈的市场竞争也会致使资源的配置更加有效（毛其淋和盛斌，2011），这些均有助于企业技术水平以及生产效率的提高。

根据 Melitz（2003）新新贸易理论的观点，生产率水平较高的企业可以克服进入国外市场所需要支付的出口固定成本并实现出口，而生产率水平较低的企业则只能在国内销售甚至最终被淘汰。因此，随着地区市场化程度的提高，该地区内的市场竞争日益激烈，催化了差异性产品的研发与生产，并支撑起差异性产品进入国际市场时企业所必须具备的临界生产率水平，最终促进企业出口产品种类的扩张。

然而，地区市场化程度的提高对企业出口产品多样化促进作用的大小还取决于企业自身的研发强度，因为企业能否实现差异化产品的研发和生产取决于企业自身的研发强度。相较于研发强度较低的企业，面对地区市场化程度的提高以及市场竞争的加剧，研发强度越高的企业可以凭借着较高的研发投入不断进行研发和创新，从而在扩大产品种类范围的同时提升企业自身的生产率水平，最终促进产品的多样化出口。而对于研发强度较低的企业来说，由于其研发创新能力较弱，所生产的产品种类就少，在激烈的市场竞争中无法与竞争对手进行竞争，甚至有可能会面临着被市场淘汰的风险。由此可见，地区市场化程度的提高对研发强度越高的企业的出口产品多样化水平的促进作用越显著。

## 第二节　模型构建及数据说明

通过上述理论分析可知，地区市场化程度的提高会使得企业面临激烈的市场竞争，企业的市场空间受到威胁，此时研发强度越高的企业会不断采用新技术和新工艺对其产品进行改进和创新，并提高自身的生产效率，最终有利于新产品国际市场的开拓。但是这一结论仅仅是停留在理论层面上的分析，还缺乏来自实证方面的证实。以下部分，本章将选取2000—2007 年的制造业企业面板数据，采用计量方法对此进行实证检验。

### 一、模型构建

为了从市场竞争的角度考察地区市场化水平对企业出口产品多样化水平的影响，我们将地区市场化程度与企业所在行业的研发强度变量的交互项纳入模型。除了市场化程度与研发强度的交互项，还有许多其他企业自身层面的特征指标会对企业出口产品多样化水平的高低产生影响。根据已有的相关理论和实证研究文献（Bernard 等，2010；Eckel 和 Neary，2010；Anderson 和 Palma，2006），本章在进行实证分析时还进一步加入了其他控制变量，以控制除市场化与研发强度交互项之外的其他因素可能会对企业出口产品多样化所产生的影响。具体模型形式设定如下：

$$dyh_{ijkt}=C+\alpha_1 mar_{kt}\times rd_{it}+\alpha_2 X_{ijkt}+\xi_{ijkt} \tag{5.1}$$

式中，下标 $i$、$j$、$k$、$t$ 分别代表企业、行业、地区和年份。交叉项 $mar_{kt}\times rd_{it}$ 是本章所要重点关注的核心解释变量，其中 $mar$ 为地区市场化水平，$rd$ 为行业的研发强度，$\xi_{it}$ 为随机误差项。与企业出口产品多元化相关的其他控制变量的集合 $X_{ijkt}$ 包括：

$$X_{ijkt}=X（\ln tfp_{ijkt},\ \ln size_{ijkt},\ \ln wage_{ijkt},\ \ln k_{ijkt},\ \ln cw_{ijkt},\ sub_{ijkt}） \tag{5.2}$$

其中，$tfp$ 表示企业的全要素生产率，$size$ 代表企业规模，$wage$ 代表企业的平均工资水平，$k$ 代表企业的资本密集度，$cw$ 代表企业的财务状况，$sub$ 代表企业接受的政府补贴。

由于本章的数据特点既包含时间层面的数据，又包含地区层面以及行业层面的数据，因此在模型中还加入年份虚拟变量、地区虚拟变量以及行业虚拟变量，以控制时间、地区以及行业特征对企业出口产品多样化可能产生的影响。

## 二、变量度量

### （一）企业出口产品多样化的指标度量

本章所要讨论的出口产品的多样化是指水平层面的出口产品多样化，即充分细分的产品种类的增加。以往的相关研究均指出，在对出口产品多样化进行度量时，所采用的出口产品的种类越是细分，所测度的出口产品多样化的精确度越高。在相关研究文献中，通常利用一个国家或一个地区细分的出口产品种类的统计数据来进行度量，如国际贸易商品的标准分类（SITC）、海关进出口商品编码（HS）等。借鉴钱学锋等（2013）的方法，以微观企业为基本分析单位，本章将产品定义为海关通用的 8 分位 HS 编码①。第二

① 在中国海关进出口数据库中关于商品的分类标准采用的是国际通用的贸易商品分类系统 HS-8 位数编码，产品统计信息十分详尽。

章的文献综述部分已经详细阐述了出口产品多样化的测度方法，各种方法都有利弊。在此，本章使用中国海关进出口数据选取经过调整后的赫芬达尔指数来衡量中国各企业层面出口的产品多元化水平。计算公式为：

$$AH = 1 - HHI = 1 - \sum X_i^2 \tag{5.3}$$

式中，HHI 为赫芬达尔指数，是指某一特定市场中各经济主体所占市场份额的平方之和，它最初被产业组织研究文献中用来测度市场集中程度，但后来被广泛用来描述某个变量的分布特征。在这里，本章用企业中各种类商品的出口额占企业所有种类商品的出口总额的比重的平方和来计算企业所出口产品的集中度。当 HHI 指数越大时，表示该企业所出口的产品越集中。1-HHI即为企业出口产品的多元化水平，其值越大，表明该企业所出口的产品种类越分散，出口多元化水平越高。反之，则代表企业出口产品的多样性越低。众多学者在研究出口多样化的相关问题时均采用赫芬达尔指数对出口的多样性进行了度量，如黄梅波和朱丹丹（2015）等。

### （二）其他变量的度量

（1）地区的市场化水平（*mar*）。为了对中国各个地区的市场化相对进程情况做出一个合理评定，樊纲等（2011）分别从政府与市场两者之间的关系、非国有经济的发展、产品市场和要素市场的发育、市场中介组织的发育情况以及法律制度环境五个方面来反映各地区市场化的进展，每个单一方面的指数均反映了市场化的某一特定方面，并将这几个分项指数综合起来构成一个总指数来衡量中国各地区市场化水平的相对总体得分以及排序。相较于选择单一市场因素，市场化指数能够更为准确、全面地反映一个地区的市场化程度。樊纲等（2011）编制的市场化指数是目前学术界较为普遍使用和公认的作为度量区域市场化程度的相对可靠的指标。因此，本章采用该市场化指数作为度量地区市场化程度的代理变量。

（2）企业的全要素生产率（ln*tfp*）。根据新新贸易理论的观点，由于企业进入国外市场时所需要支付的出口固定成本（包括信息成本、交通运输费用以及销售渠道的建立、扩展成本等）大于其在国内销售的成本，因此只有生产效率高的企业才能够克服这一高额的贸易成本进入国际市场并出口种类范围更大的产品，而生产效率低的企业只能选择在国内销售。Bernard 等（2010）对美国的研究也发现，多产品企业对产品的调整行为与其自身的全要素生产率的变化息息相关。本章采用 Levinsohn 和 Petrin（2003）提出的半参数估计方法（简称 LP 方法）进行测算，以“中间投入”作为企业要素投入的工具变量，使用固定资产净值年余额做资本存量的代理变量（盛丹等，2011）。

（3）企业的生产规模（ln*size*）。企业的规模可能会对企业自身的出口多样化具有正向作用。一方面，Feenstra 和 Ma（2007）的研究指出，规模较大的企业所生产的产品范围一般都较广。相较于小规模企业，生产规模越大的企业在维持市场势力、产品研发以及产品销售网络开拓等方面均具有明显的优势，更容易扩展产品范围。另一方面，规模越大的企业越容易实现规模经济，因此其生产成本会越低，从而使企业获得成本竞争优势并实现出口。本章采用企业从业人员数的对数值来度量，预期符号为正。

（4）企业员工的平均工资（ln*wage*）。Eckel 和 Neary（2010）的研究指出，工资水平的变化是影响企业产品范围的重要变量。通常来讲，员工工资是企业成本的重要构成部分，工资水平越高意味着企业的成本越大，所出口的产品价格越高，从而越不利于企业进行出口。但是，工资水平除反映企业的生产成本以外，还可以反映企业员工的人力资本水平。一般来说，企业要想雇用高水平的人力资本需要支付较高的工资。高素质人力资本的研发能力与创新意识都较强，通过不断进行研发创新能够促进企业多样化产品的生产和出口。本章采用年度应付工资总额与企业从业人员数的比值的对数值来度量。

（5）企业的资本密集度（ln*k*）。企业的资本密集度可能会对企业出口产品的多元化水平产生正、反两方面的影响。一方面，根据国际贸易的比较优势理论，当前中国仍属于劳动力丰富型的国家（施炳展等，2013），中国在劳动密集型产品上具有比较优势。因此，企业的资本密集度越高，越不利于企业进入国外市场，从而企业的出口多样化水平就较低。另一方面，企业资本密集度的提高也可以表现为企业对先进设备的购入，这会促进企业生产效率和技术水平的提升（邱斌等，2012），因此有利于企业出口。本章采用企业固定资产净值年平均余额与从业人员数的比值的对数值来度量。

（6）企业的财务状况（ln*cw*）。企业的财务状况对企业自身的出口行为具有重要影响。企业进行研发创新是一项高投入与高风险的活动，需要大量的资金投入。如果企业自身的财务状况良好，则企业进行研发活动时就不会或者很少受到资金方面的制约，这会大大提高企业创新新产品的可能性。本章采用负债合计与产品销售收入的比重来度量。

（7）政府补贴（*sub*）。Anderson 和 Palma（2006）在对多产品企业进行分析时发现，由于市场上存在着大量企业，它们所生产的产品种类还远未达到最优。当对企业进行补贴时，有助于企业产品范围的扩大。本章在实证模型中加入政府补贴来考察其对企业出口产品多样化的影响。由于在中国工业企业数据库中，有大量企业的补贴收入为 0，为了保留样本，本章选取补贴的虚拟变量进入方程。*sub* 代表企业是否获得补贴的二元虚拟变量，当补贴收入大于 0 时，*sub* 取值为 1。否则，*sub* 取值为 0。

## 三、数据来源

本章实证分析部分所使用的数据库是 2000—2007 年由中国工业企业数据库和海关数据库进行匹配后的数据样本。中国工业企业数据库对全部的国有企业以及规模以上非国有工业企业的基本信息以及财务状况进行了全面、详细的统计。而中国海关进出口数据库则对中国境内所有进行进出口贸易的企业状况做了详细统计，其数据内容包括企业所在地、企业性质、进出口产品的名称和产品价格以及数量、运输方式和贸易方式、进口产品的原产国和出口产品的目的国等指标。因此，将这两个数据库结合起来可以为本章的实证分析提供庞大的数据支持。

由于工业企业数据库中的企业法人代码 FRDM 和海关数据库中的企业代码 party_ id 采用的是两套不同的编码系统，因此不能根据企业代码进行直接匹配。借鉴田巍和余淼杰（2012）、戴觅等（2014）以及许家云等（2015）的方法，对这两套数据库进行配对，具体的匹配过程如下：首先，根据企业的单位名称直接进行匹配。其次，在未匹配成功的样本企业中，根据企业所在地区的邮政编码号及其后 7 位电话号码进行匹配。最后，在剩下的未匹配成功的样本企业中，根据企业所在地区的邮政编码号及其法人代表再对这两个数据库进行匹配。

对于配对成功的样本企业，考虑到制造业企业是中国出口贸易的主体，中国工业制成品的出口总额占总出口商品的 95%（杜传忠和张丽，2013），因此采用制造业企业出口的面板数据进行实证分析更具有代表意义。

在此背景下，本章选取 2000—2007 年的 29 个制造业行业内的企业面板数据（剔除 B 门类的采矿业、C 门类制造业中的废弃资源和废旧材料回收加工业以及 D 门类的电力、燃气及水的生产和供应业等垄断行业的企业样本）进行实证研究。行业的研发强度采用行业的科技活动经费占产品销售收入的比重来度量，其数据来源于历年的《中国科技统计年鉴》。此外，本章还对异常值进行了进一步处理，以避免异常值对回归结果产生不利影响。

## 四、数据的描述性分析

在进行实证分析之前，先对各关键变量进行描述性分析，以便对市场化程度与企业的出口多样化水平之间的趋势关系有一个初步、整体的认识，为后续进一步地计量分析提供事实根据。图 5-1 和图 5-2 分别给出了总体企业的出口产品多样化水平与地区市场化程度、高研发强度企业[①]的出口产品多样化水平与地区市场化程度的直观关系。

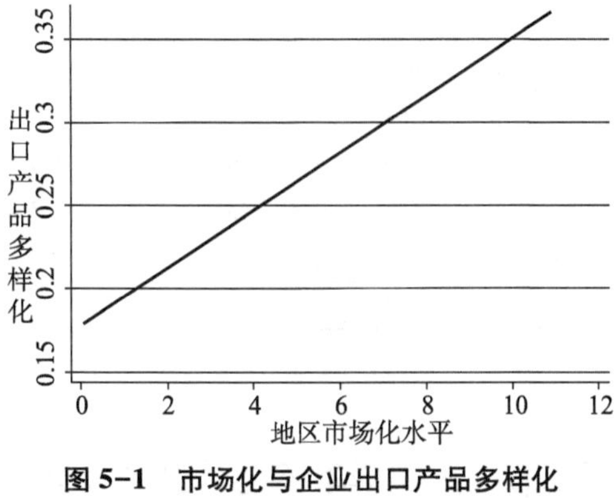


**图 5-1　市场化与企业出口产品多样化**

① 以研发强度的均值为界，将企业划分为高研发强度企业和低研发强度企业。

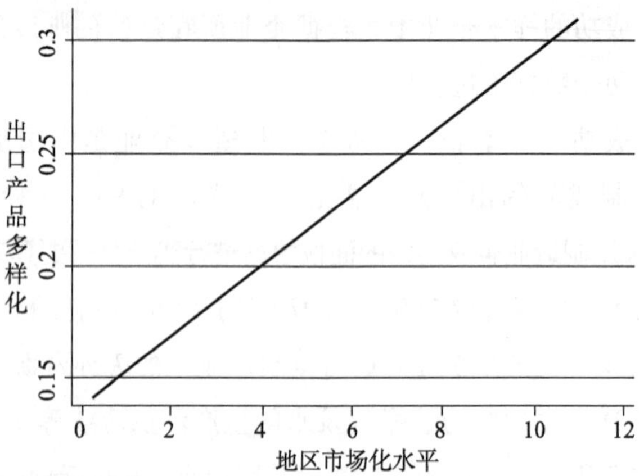


**图 5-2　市场化与高研发强度企业出口产品多样化**

由图 5-1 和图 5-2 可以看出，首先，总体企业出口产品的多样化水平与地区市场化程度二者之间存在正相关关系，即市场化程度越高的地区，企业出口产品的多样化水平越高。其次，高研发强度企业的出口产品多样化水平与地区市场化程度之间也存在着正相关关系。

各主要变量的基本特征如表 5-1 所示。

**表 5-1　各主要变量的基本特征**

| 变量 | 观测值 | 均值 | 标准差 | 最小值 | 最大值 |
|---|---|---|---|---|---|
| *dyh* | 290935 | 0.3216 | 0.2863 | 0 | 0.9927 |
| *mar* | 290935 | 8.3600 | 1.5957 | 0 | 10.9200 |
| *rd* | 290935 | 1.4858 | 0.8030 | 0.2000 | 3.6200 |
| ln*tfp* | 290935 | 6.8324 | 1.1589 | -2.6826 | 13.0011 |
| ln*size* | 290935 | 5.3626 | 1.1527 | 2.3026 | 11.9251 |
| ln*wage* | 290935 | 2.6352 | 0.6310 | -7.3715 | 6.9223 |
| ln*k* | 290935 | 3.6271 | 1.3669 | -6.3544 | 10.2239 |
| ln*cw* | 290203 | -0.9702 | 1.0946 | -11.9280 | 8.5611 |
| *sub* | 290935 | 0.2181 | 0.4130 | 0 | 1 |

## 第三节　全体样本的估计结果及分析

如果模型中存在严重的多重共线性问题，将会导致部分解释变量不能通过显著性水平，影响到估计结果的准确性。因此在进行回归之前，本章先通过相关系数矩阵来检查模型是否存在严重的多重共线性。主要变量的相关系数矩阵如表 5-2 所示。

通过表 5-2 可以看出，除企业的全要素生产率 ln*tfp* 与企业的生产规模 ln*size* 这两个变量间的相关系数值最大，为 0.4993 以外，其余变量之间的相关系数的绝对值都在 0.4993 以下，这说明并不存在严重的多重共线性。除此之外，本章进一步考察了方差膨胀因子（VIF），VIF 取值为 1.36，也说明多重共线性问题不严重①。基于上述分析，本章选取微观数据就地区市场化程度的提高对企业出口产品多样化的影响进行实证考察。

**表 5-2 主要变量的相关系数矩阵**

| 变量 | *mar×rd* | ln*tfp* | ln*size* | ln*wage* | ln*k* | ln*cw* | *sub* |
|---|---|---|---|---|---|---|---|
| *mar×rd* | 1.0000 | | | | | | |
| ln*tfp* | 0.1244 | 1.0000 | | | | | |
| ln*size* | −0.0460 | 0.4993 | 1.0000 | | | | |
| ln*wage* | 0.3054 | 0.3105 | −0.0769 | 1.0000 | | | |
| ln*k* | 0.1939 | 0.2006 | −0.0645 | 0.3154 | 1.0000 | | |
| ln*cw* | 0.0617 | −0.1421 | 0.1191 | −0.0412 | 0.2676 | 1.0000 | |
| *sub* | 0.0578 | 0.0995 | 0.1198 | 0.0524 | 0.0611 | 0.0854 | 1.0000 |

## 一、初步回归结果

本章首先采用普通最小二乘（OLS 方法）对全体样本进行初步估计，具体的估计结果如表 5-3 所示。为了考察估计结果是否稳健，在实际回归过程中依次加入其解释变量后逐步进行回归。其中，模型（1）是在控制了行业固定效应、地区固定效应以及时间固定效应的基础上，除了市场化程度与行业研发强度的交互项 *mar×rd*，只加入了企业的全要素生产率与企业的生产规模这两个解释变量进行 OLS 回归后的估计结果。模型（2）在

① 依据经验法则，若模型的方差膨胀因子 *VIF*≤10，则表明模型并不存在严重的多重共线性。

此基础上又加入了企业的平均工资水平以及企业的资本密集度变量。模型（3）在模型（2）的基础上又进一步加入了企业的财务状况以及企业是否接受政府补贴这两个解释变量，是完整的回归模型。

**表 5-3　OLS 的初步估计结果**

| 变量 | 模型（1） | 模型（2） | 模型（3） |
|---|---|---|---|
| *mar×rd* | 0.0006*** | 0.0007*** | 0.0007*** |
| | (0.000) | (0.000) | (0.000) |
| ln*tfp* | 0.0030*** | 0.0016*** | 0.0006 |
| | (0.001) | (0.001) | (0.001) |
| ln*size* | 0.0251*** | 0.0259*** | 0.0257*** |
| | (0.001) | (0.001) | (0.001) |
| ln*wage* | | 0.0137*** | 0.0134*** |
| | | (0.001) | (0.001) |
| ln*k* | | -0.0057*** | -0.0053*** |
| | | (0.000) | (0.000) |
| ln*cw* | | | -0.0023*** |
| | | | (0.001) |
| *sub* | | | 0.0183*** |
| | | | (0.001) |
| *C* | -0.0394 | -0.0411 | -0.1124 |
| | (0.084) | (0.084) | (680.578) |
| *N* | 290935 | 290935 | 290203 |
| $R^2$ | 0.1485 | 0.1494 | 0.1499 |
| 行业固定 | Yes | Yes | Yes |
| 地区固定 | Yes | Yes | Yes |
| 时间固定 | Yes | Yes | Yes |

注：***表示 1%的显著性水平，括号内为各变量估计系数的标准误。

从表 5-3 中可以看出，这三个模型的回归结果均十分稳健。首先，对于本章的核心解释变量 *mar×rd* 来说，在控制住企业的全要素生产率、企业生产规模、平均工资水平等主要解释变量，以及行业、地区和时间固定效应对企业出口产品多样化的影响之后，地区市场化程度与企业研发强度的交互项的估计系数显著为正，且在1%的统计水平上显著。

这说明，地区市场化程度的提高能够显著促进企业出口产品多样化水平的提高，并且随着地区市场化程度的提高，研发强度越高的企业其出口产品多样化水平提升的幅度越大。这与前文的机制分析一致，即一个地区的市场化程度越高，意味着竞争越激烈，企业的市场空间会受到威胁。迫于市场竞争的压力，企业不得不通过研发创新生产一些与竞争对手的产品存在异质性的新产品来维持市场份额，并不断地提高自身的技术水平，当差异性产品在企业高生产率的支撑下进入国外市场时，出口产品的多样化程度便得以改进。相较于研发强度较低的企业，研发强度高的企业的创新能力、生产差异性产品的能力都较强，且具有更高的生产率水平。因此，当面临由于地区市场化程度的提高所带来的激烈的市场竞争时，研发强度高的企业的出口产品多样化水平提升得更多。

## 二、内生性问题

上述实证估计结果的有效和无偏性存在着一个前提假设，即模型中不存在由于重要解释变量遗漏、测量误差以及解释变量和被解释变量互为因果关系等事项引起的内生性问题。如果模型中存在严重的内生性将会导致普通最小二乘（OLS 方法）的估计结果是有偏的和不一致的。制度质量与国际贸易息息相关，制度质量对国际贸易的影响效果现已成为国际经济学领域关注的焦点问题，众多学者研究认为制度是一个国家或一个地区比较优势的源泉，是各经济体之间甚至是经济体内部各地区之间导致经济发展水平存在差异性的决定性影响因素（Hall 和 Jones，1999）。

与此同时，一个国家或一个地区制度的演化也是多种因素共同影响的结果，其中贸易的发展水平也会影响到国内的制度质量。随着国际贸易的发展，进出口贸易商会对国内的制度设计及改革提出更高的要求，由国际贸易所引起的利益分配会使一些利益集团从自身的利益出发而最终影响制度的发展方向。由此可见，制度与国际贸易二者之间可能存在着双向的因果关系，关于制度质量与国际贸易的相关研究文献均广泛关注了模型的内生性问题。

因此，在本章的模型当中可能也存在着内生性问题。一方面，尽管本章已经控制了影响企业出口产品多样化的其他重要解释变量，但是还可能存在遗漏变量问题，可能还有一些影响企业出口产品多样化水平的解释变量被遗漏。另一方面，市场化与企业出口产品多样化之间可能存在着双向因果关系。在地区市场化程度的提高对企业出口产品多样化产生影响的同时，企业出口产品的多样化对其所在地区的市场化进程也会发挥关键性作用。

为了克服模型中的内生性，通常的做法便是找寻与地区市场化程度紧密相关但是又独立于企业出口产品多样化的变量作为地区市场化的工具变量，并采用二阶段最小二乘（2SLS 方法）进行估计。值得强调的是，一个有效的工具变量需要满足两个标准，一是与内生变量二者之间要具有相关关系，二是与模型中的误差项不相关。

基于以上标准，本章选取地区市场化水平的滞后一期项作为工具变量进行实证回归，具体原因如下：首先，当期的地区市场化水平显然会受到上一期市场化程度的影响，二者存在密切的相关关系，满足工具变量必须与内生变量相关的基本条件。其次，找寻工具变量的一个基本方法就是从历史的角度（王永进等，2010），因为历史的地区市场化数据不会显著影响到当期的企业出口产品多样化程度，满足了所选工具变量必须是外生的要求。基于此，本章选取地区市场化指数的滞后一期变量作为工具变量，对全体样本进行 2SLS 的估计结果见表 5-4。

**表 5-4　2SLS 的估计结果**

| 变量 | 模型（1） | 模型（2） |
|---|---|---|
| *mar×rd* | 0.0005* | 0.0007** |
| | (0.000) | (0.000) |
| ln*tfp* | 0.0025*** | 0.0040*** |
| | (0.001) | (0.001) |
| ln*size* | 0.0262*** | 0.0346*** |
| | (0.001) | (0.001) |
| ln*wage* | 0.0105*** | 0.0161*** |
| | (0.001) | (0.002) |

**续表**

| 变量 | 模型（1） | 模型（2） |
|---|---|---|
| ln*k* | -0.0048*** | -0.0060*** |
| | (0.001) | (0.001) |
| ln*cw* | -0.0017*** | -0.0030*** |
| | (0.001) | (0.001) |
| *sub* | 0.0132*** | 0.0181*** |
| | (0.002) | (0.002) |
| *C* | 0.1038*** | -0.0253 |
| | (0.022) | (0.027) |
| *N* | 183353 | 183353 |
| $R^2$ | 0.1559 | — |
| 行业固定 | Yes | Yes |
| 地区固定 | Yes | Yes |
| 时间固定 | Yes | Yes |

注：*、**和***分别表示10%、5%和1%的显著性水平，括号内为各变量估计系数的标准误。

表5-4中模型（1）是采用2*SLS*方法对全体样本进行估计的结果。从市场化程度与研发强度交互项的估计系数可以看出，在控制了模型内生性之后，其估计系数依然显著，且在10%的显著性水平上显著。这说明地区市场化水平的提高能够显著促进企业出口产品多样化水平的提升，对研发强度高的企业来说，这种促进作用更为突出。通过与表5-3中模型（3）的估计系数进行对比后发现，相对于普通最小二乘*OLS*估计，在采用市场化水平滞后一期的工具变量控制内生性进行2*SLS*回归之后，交互项的估计系数下降到0.0005，这表明模型中存在内生性会使得*OLS*的估计结果产生显著的向上偏移，进而会高估市场化水平对企业出口产品多样化的积极影响。从表5-4模型（1）中其他控制变量的估计系数来看：

（1）企业的全要素生产率（ln*tfp*）。企业的生产率水平在1%的显著性水平上显著促进了企业出口产品的多样化水平，这意味着企业的全要素生产率在企业的出口产品多样性中扮演着重要角色，企业全要素生产率的提高有利于其出口产品范围的扩大。技术进步能够促进新产品的产生进而有助于企业形成垄断并获得垄断利润，如此循环便能扩展产品的种类

(Aghion 和 Howitt，1998)。Ma（2009）对中国制造业企业的出口状况进行分析后也发现，全要素生产率越高的企业其所生产的产品范围越广。

（2）企业规模（ln*size*）。从表 5-4 中的估计系数可以看出，企业规模在 1%的显著性水平上显著且较大幅度地促进了企业出口产品的多样化水平，这一结果符合预期。这可能是因为，企业的生产规模越大，相应的科技研发人员的数量可能就较多，从而发现新知识并进行创新的概率就越大，最终促进了企业产品种类的增加。此外，一般生产规模较大的企业其生产效率也较高，从而更有可能出口。

（3）企业的人均工资水平（ln*wage*）。工资水平在 1%的统计水平上显著促进了企业出口产品的多样化。这可能是因为，工资水平除了能够影响企业的生产成本，还能反映其他信息，人均工资水平高的企业可能意味着其员工的人力资本水平较高。人力资本是技术利用和技术创新的决定性影响因素，高水平的人力资本往往意味着工人质量的提高，其自主创新的能力与学习、应用科学技术的能力都相对较高，进而能够扩大产品种类并进入国外市场。这与众多学者的结论一致，如 Aghion 和 Howitt（1998）的研究就指出，通过改进和丰富产品的生产线流程，高素质的人力资本可以提高产品的多样化程度。Cabral 和 Veiga（2010）的实证研究结果也表明，高水平的人力资本特别是受过大学教育的劳动力对于本国出口产品的多样化水平具有显著的积极影响。

（4）企业的资本密集度（ln*k*）。企业资本密集度的估计系数显著为负，这说明资本密集度越高的企业，其出口产品的多样化水平越低，这一结果与钱学锋等（2013）的结论一致。这可能是因为，中国目前仍为劳动充裕型国家，在劳动密集型产品，或者产品的劳动密集型阶段具有比较优势，因此企业的资本密集度越高，越不容易出口，也就越难实现出口的多样化。

（5）财务状况（ln*cw*）。企业自身的财务状况对其出口产品的多样化水平具有负向影响，并且在 1%的水平上显著，即企业的财务状况越不好，企业的出口多样化程度就越低。这一结论也符合预期，因为本章对企业财务状况的度量是采用企业负债合计与产品销售收入的比重，其值越大说明企业的财务状况越恶劣。关于财务状况的估计系数为负的原因可能是，当企业自身的财务状况不好时，就没有足够的资金支持企业进行研发创新活动，继而其所生产的产品种类范围就较小。此外，一般财务状况不好的企业其生产规模、技术水平都较低，也没有能力进入国外市场。

（6）政府补贴（*sub*）。由表 5-4 中政府补贴的估计系数可以看出，接受政府补贴的企业其出口产品的范围较大。这说明，政府补贴能够显著促进企业出口产品的多样化。政府对企业进行补贴可以使企业有更多的资金研发新的生产线或新的生产工艺，也可以帮助企业购买先进的技术设备，增强企业生产多样化产品的能力并最终促进出口产品多样化水平的提高。此外，根据 Melitz（2003）的新新贸易理论的观点，企业要想进入国外市场必须支付出口的固定成本和沉没成本。当出口的可变成本和固定成本越高时，企业的出口深度和出口广度就越小，即企业出口的产品数量以及企业出口的产品种类、目的市场数量就越少，甚至会退出出口市场。当政府对企业进行补贴时，这种对企业的转移支付可以部分帮助企业克服进入国际市场的成本，继而促进企业出口。

此外，考虑到工具变量与内生变量之间相关性的高低会影响到估计结果，本章还进行了相关性检验，以检验工具变量的选取是否有效。依据 Staiger 和 Stock（1997）所提出的经验法则，在模型中如果仅存在一个内生变量，2SLS 回归中第一阶段回归中的 F 统计量取值如果高于 10，则说明所选取的工具变量与内生变量之间存在着较强的相关关系。而本章得到的 F 值远大于 10，并且第一阶段的偏 $R^2$ 高达 0.9422，这说明本章所选取的地区市场化程度的滞后一期项与当期的地区市场化水平之间存在着较强的相关性。

此外，本章还进行了弱工具变量的识别，检验结果表明不存在弱工具变量的问题，这表明本章所选取的市场化的滞后一期项作为工具变量是可行的。

## 三、稳健性检验

依据研究内容，本章将改变估计方法进行稳健性检验，以进一步巩固研究结论。由于本章对企业出口产品多样化水平的度量方法采用的是1-HHI，即1减去企业出口产品的集中程度。当企业只出口一种产品时，说明该企业的出口产品高度集中，则出口产品多样化水平为0。根据本章样本的数据统计发现，企业的出口产品多样化水平具有明显的样本截取现象，因此在控制内生性的基础上采用Ivobit估计方法进行回归分析。

表5-4中模型（2）是在采用Ivtobit方法对全体样本进行回归的结果，从市场化水平与研发强度的交互项的估计系数可以看出，在控制各关键解释变量以及地区、行业和时间固定效应之后，交互项的估计系数的符号以及显著性水平基本上没有发生根本性变化。这说明，即使在考虑了样本截断的情况下，本章的结论也依然稳健，即在市场化程度高的地区，企业的出口产品范围也往往较大，并且对研发强度越高的企业来说，这种促进作用越明显。此外，各个解释变量的估计系数的符号以及显著性基本保持不变，这说明本章的估计结果具有稳健性，在此不再赘述。

## 第四节　分样本的估计结果及分析

前文的实证分析结果表明，地区市场化水平的提高可以显著提升企业出口产品的多样化水平，并且对研发强度越高的企业来说其出口产品多样化水平的促进作用越明显。由于企业所在地区、企业所有制性质以及行业等特征的不同，可能会导致市场化水平对企业出口产品多样化的促进作用存在差异性，因此本章将对这一影响做进一步的分样本考察。

### 一、分地区的样本估计结果

20世纪70年代末期以来，中国积极推进市场化经济体制改革，市场化进程取得了重大成功。值得注意的是，尽管在整体上中国的市场化进程进展较快，市场化水平有了大幅度提升，但是在各地区之间还存在明显的差异。其中，东部地区凭借其优越的沿海区位优势以及率先实行的对外开放，极大地促进了本地区市场化程度的提高，相对而言，中西部地区的改革与开放直到20世纪90年代中后期才开始（蔡昉等，2002）。因此，东部与中西部地区之间在市场化水平上存在着较大差异。本章将全部样本按照企业所在地区的不同分为东部地区、中部地区以及西部地区，分别采用2SLS进行实证回归，以考察市场化对企业出口产品多样化影响的地区差异性。详细的估计结果见表5-5。

从表5-5中市场化与研发强度的交互项 *mar×rd* 的估计系数可以看出，在东部地区，市场化程度的提高可以显著促进企业出口产品的多样化，并且对研发强度越高的企业的促进作用越显著。但是在中部地区以及西部地区，二者交互项的估计系数均不显著。可能的原因是，由于在地理位置以及政策方面具有绝对的优势，东部地区的市场化改革一直都走在中部地区与西部地区的前面，市场化转型已经取得了决定性进展，而对中西部地区来说，非市场因素还在经济运行中占有重要地位（孙铮等，2005）。因此，东部地区的市场化程度远远高于中部和西部这两个地区，并且这种差距还有进一步扩大的态势。相对于中西部地区来说，东部地区更高的市场化程度意味着激烈的市场竞争，这会倒逼企业不断对其产品进行改进和创新，提高了产品的竞争力并增加了其出口到国外市场的机会，最终提升了企业所出口产品的多元化水平。而对于中西部地区来说，市场化水平还较低，因此对企业出口产品多样化的促进作用不够显著。

**表5-5 分地区的差异性检验**

| 变量 | 东部地区 | 中部地区 | 西部地区 |
|---|---|---|---|
| *mar×rd* | 0.0009*** | 0.0021 | 0.0027 |
| | (0.000) | (0.002) | (0.002) |
| ln*tfp* | 0.0021** | 0.0095*** | -0.0009 |
| | (0.001) | (0.003) | (0.005) |
| ln*size* | 0.0270*** | 0.0203*** | 0.0180*** |
| | (0.001) | (0.002) | (0.004) |
| ln*wage* | 0.0099*** | 0.0098** | 0.0261*** |
| | (0.001) | (0.005) | (0.008) |
| ln*k* | -0.0053*** | 0.0043* | -0.0053 |
| | (0.001) | (0.002) | (0.004) |

续表

| 变量 | 东部地区 | 中部地区 | 西部地区 |
|---|---|---|---|
| ln*cw* | -0.0015** | -0.0048* | -0.0022 |
| | (0.001) | (0.003) | (0.005) |
| *sub* | 0.0124*** | 0.0195*** | 0.0132 |
| | (0.002) | (0.006) | (0.008) |
| *C* | 0.1234*** | 0.0327 | -0.0089 |
| | (0.019) | (0.025) | (0.048) |
| *N* | 167364 | 11472 | 4517 |
| $R^2$ | 0.1529 | 0.1503 | 0.1110 |
| 行业固定 | Yes | Yes | Yes |
| 地区固定 | Yes | Yes | Yes |
| 时间固定 | Yes | Yes | Yes |

注：*、**和***分别表示10%、5%和1%的显著性水平，括号内为各变量估计系数的标准误。

## 二、分企业所有制类型的样本估计结果

为进一步考察市场化对企业出口产品多样化影响的所有制差异，本章将总体样本划分为国有企业、民营企业以及外资企业，分别采用2*SLS*估计方法进行实证回归，估计结果见表5-6。从表5-6中可以看出，不同所有制性质的企业其出口产品的多样化程度受所在地区市场化水平的影响存在很大的差异性。具体来看：

（1）国有企业。在国有企业的分样本估计结果中，市场化水平与研发强度的交互项的估计系数为负，但是不显著。这说明，地区市场化程度的提高不利于国有企业中研发强度较高企业的出口产品多样化。这可能是因为，一方面，在中国有大量的国有企业享受着行政保护以及生产资源的垄断①，它们所能遭受到的市场冲击程度已经相当小。另一方面，由于长期

① 国有企业不仅在电力、电信、矿业、铁路运输以及城市水和天然气的供应等自然领域占据着垄断地位，还在更广泛的产业受到政策庇护（蒋殿春和张宇，2008）。刘小玄（2003）指出，在酒品类、化工、专用及交通设备、机械、医药等行业，政府凭借规模审批和筹融资障碍以及划分市场行政范围等方法，对这些产业内的国有资本进行了有效保护，使其在很大程度上避免了竞争，并获得了垄断利润。

受到计划经济体制的庇护，导致国有企业整体上缺乏新知识和新技术学习以及创新的动力。同时，在有限的技术活动中国有企业的效率也较为低下。因此，当市场竞争变得激烈时，凭借着行政保护以及资源垄断，国有企业可以低价甚至免费获得生产资料，进而获得垄断利润，因此缺少实行差异化产品战略以及进入国外市场的动力。因此，市场化程度的提高并不能显著促进国有企业的出口多样化水平，甚至作用为负。

（2）民营企业。由表 5-6 中市场化与研发强度的估计系数可以看出，市场化程度的提高在 5%的统计水平上显著促进了民营企业中研发强度较高企业的出口产品多样化水平。结合中国的现实情况来看，尽管相较于国有企业，作为中国最具有活力的增长极的民营企业在收益以及成长状况方面都要优于前者，但是民营企业却普遍面临着制度约束问题，承担着高额的行政成本，只能依靠自身能力获取资源，民营企业的生存与发展在国内显得步履维艰。相较于国有企业，外部制度环境的不完善在很大程度上会影响民营企业的生产经营行为。因此，当外部制度质量提高时，民营企业的反应会更强烈。此外，相对于国有企业，民营企业具有更大的活力，其自身的技术创新能力也相对较高。由市场化程度的提高所引起的竞争压力会从根本上激发民营企业的创新动力，其所生产的差异性产品最终在企业高生产率的支撑下进入国外市场，出口产品的多样化水平得到提高。

（3）外资企业。市场化程度的提高对外资企业出口产品多样化水平的影响系数为正，但是并不显著，这也很好理解。一方面，为了吸引外国企业来华投资，中国政府一直对外商企业实行与内资企业相比更为优惠的政策，如企业所得税减免、土地和贷款等方面的优惠及便利，优惠政策花样百出，优惠幅度更是巨大。这种超国民的优惠待遇赋予了外商企业先天的发展优势，使得外商企业享受到制度租金。因此，外资企业对所在地区制度质量的改善的反应不敏感。另一方面，*Manova* 和 *Zhang*（2009）在对中国 2003—2005 年的贸易数据进行详细分析后发现，外资企业从事了大量的加工贸易。它们在中国将产品进行加工或者组装以后，出口到其所在的国家。可见，外资企业的产品市场并不主攻国内，因此在面对激烈的市场竞争时，它们这种公司内贸易就没有为了保持市场份额而实施差异化产品策略的动机。并且，加工贸易在合同期内具有一定程度的稳定性，因此其出口产品范围并不会受到太大程度的影响（钱学锋等，2013）。

**表 5-6　分企业所有制的差异性检验**

| 变量 | 国有企业 | 民营企业 | 外资企业 |
|---|---|---|---|
| $mar \times rd$ | -0.0001 | 0.0014** | 0.0004 |
| | (0.002) | (0.001) | (0.000) |
| ln*tfp* | -0.0027 | 0.0087*** | 0.0008 |
| | (0.005) | (0.002) | (0.001) |
| ln*size* | 0.0287*** | 0.0158*** | 0.0287*** |
| | (0.005) | (0.001) | (0.001) |
| ln*wage* | 0.0516*** | 0.0115*** | 0.0097*** |
| | (0.009) | (0.003) | (0.002) |
| ln*k* | 0.0033 | -0.0009 | -0.0060*** |
| | (0.005) | (0.001) | (0.001) |
| ln*cw* | -0.0166*** | 0.0014 | -0.0025*** |
| | (0.006) | (0.001) | (0.001) |
| *sub* | 0.0237*** | 0.0161*** | 0.0086*** |
| | (0.009) | (0.003) | (0.002) |
| *C* | 0.0016 | 0.1352*** | 0.0421 |
| | (0.088) | (0.031) | (0.037) |
| *N* | 4287 | 58633 | 120433 |
| $R^2$ | 0.1614 | 0.1255 | 0.1758 |
| 行业固定 | Yes | Yes | Yes |
| 地区固定 | Yes | Yes | Yes |
| 时间固定 | Yes | Yes | Yes |

注：**和***分别表示5%和1%的显著性水平，括号内为各变量估计系数的标准误。

## 三、分行业研发强度的样本估计结果

研发强度不同的行业在面对激烈的市场竞争时的能力存在很大的差别，导致企业所生产的产品的差异性以及自身的生产率水平都有很大的不同，继而可能会引起企业出口产品多样化的程度存在差异。因此，根据所计算行业的研发强度，本章以均值为界将制造业行业分为高研发强度的行业和低研发强度的行业，并分别采用 2SLS 进行实证检验，结果如表 5-7 所示。

**表 5-7　分行业研发强度的差异性检验**

| 变量 | 高研发强度 | 低研发强度 |
|---|---|---|
| *mar*×*rd* | 0.0009** | 0.0014 |
| | (0.000) | (0.001) |
| ln*tfp* | 0.0024** | 0.0022** |
| | (0.001) | (0.001) |
| ln*size* | 0.0284*** | 0.0246*** |
| | (0.001) | (0.001) |
| ln*wage* | 0.0092*** | 0.0109*** |
| | (0.002) | (0.002) |
| ln*k* | -0.0034*** | -0.0056*** |
| | (0.001) | (0.001) |
| ln*cw* | -0.0057*** | 0.0005 |
| | (0.001) | (0.001) |
| *sub* | 0.0141*** | 0.0123*** |
| | (0.002) | (0.002) |
| *C* | 0.1988*** | 0.0419 |
| | (0.039) | (0.028) |
| *N* | 76518 | 106835 |
| $R^2$ | 0.0335 | 0.1952 |
| 行业固定 | Yes | Yes |
| 地区固定 | Yes | Yes |
| 时间固定 | Yes | Yes |

注：**和***分别表示 5%和 1%的显著性水平，括号内为各变量估计系数的标准误。

从表 5-7 中市场化与研发强度的交互项的估计系数可以看出，对研发强度高的企业来说，市场化水平的提高能够显著促进这些企业的出口产品多样化，并且在 5%的统计水平上显著，但是对研发强度低的企业，市场化程度的提高并不能显著促进这类企业的出口多样化水平。这是因为，研发强度高的企业在面对激烈的市场竞争时可以开展差异化竞争策略，凭借自身较高的研发创新能力，进行新产品的研发创新。并且，研发强度高的企业一般生产率水平都较高。对差异性产品进行研发和生产，并在高生产率的支撑下进入国外市场从事出口活动，最终提升了企业出口产品的多样化水平。而研发强度低的企业所生产的产品种类范围就较小，甚至会在激烈的竞争中遭到淘汰。

## 第五节　本章小结

20世纪以来，国际分工形式从产业间分工发展到产业内分工，再发展到产品内分工，分工形式在逐步深化。与此同时，伴随着全球产品价值链的拉长以及生产要素开始在全球范围内自由流动，众多国家开始广泛参与到国际分工中，出口贸易额和出口产品种类在迅速增加。出口产品的多样化战略与金融学领域中的投资组合理论近似，在当前世界各国经济摩擦频繁以及市场风险日益加大的背景下，在面对个别产品由于国外需求的疲软、消费者偏好的改变以及贸易保护主义日益盛行等不利因素冲击的局面时，出口产品的多元化可以缓解由此造成的出口额的剧烈波动。尤其是对于高度依赖对外贸易发展的发展中国家——特别是中国来说，提高出口产品的多样化水平、降低出口集中度以减少风险成为当下中国出口企业的当务之急。然而，目前对出口产品多样化的研究文献较少。随着中国市场化进程的推进，考察地区市场化程度的提高对企业出口产品多样化的影响不仅可以丰富并推进现有的研究，还可以为政府制定促进企业实施出口多样化的相关政策提供新的思路和依据。

在此背景下，本章选取2000—2007年制造业企业的面板数据，在用赫芬达尔指数度量企业出口产品多样化水平的基础上，通过建立计量模型实证分析市场化程度对企业出口产品多样化的影响效果，考察了企业的全要素生产率、企业规模、工资水平等因素对企业出口产品多样化水平的影响，由此得到以下主要结论：

（1）在控制了行业固定效应、地区固定效应和时间固定效应，以及企业的全要素生产率、企业规模、工资水平等企业特征因素对企业出口产品多样化的影响之后，地区市场化程度与企业的研发强度交互项对企业出口产品多样化的估计系数显著为正，并在1%的显著性水平上显著。这意味着，市场化水平的提高能够显著促进企业出口产品多样化水平的提升，并且这种促进作用对研发强度越高的企业更为突出。这可能是因为，作为市场经济最核心的本质特征——自由竞争，随着市场化水平的提高，激烈的自由竞争会压缩同质产品的盈利空间，导致差异化产品的生产成为企业获利与生存的必要手段。对于研发强度高的企业来说，其进行新产品的研究和生产变得相对容易，它们可以通过差异性产品来抢占市场份额，并在高水平的全要素生产率的支撑下进入国外市场，从而促进出口产品的多元化。本章通过进行稳健性检验，表明该结论是可靠的。此外，其他控制变量的估计系数也表明，生产效率越高、企业规模越大、人均工资水平越高，以及接受政府补贴的企业，其出口产品的多样化程度越高。

（2）鉴于各地区市场化的进程不同，本章进一步将全部样本分为东部地区、中部地区、西部地区进行分样本回归。实证回归结果表明，东部地区市场化水平的提高能够显著促进研发强度高的企业的出口产品多样化水平，但是对中西部地区来说，这种促进作用并不显著。这可能是因为，在中国实行渐进式经济体制改革的进程中，由于地理位置和政策倾斜等原因，东部地区一直走在中部地区和西部地区的前面，市场化水平远高于这两个地区。更高的市场化程度意味着更激烈的市场竞争，这会促进产品种类范围的扩大，并最终促进出口产品的多样化。

（3）鉴于企业特点的不同，本章进一步将全部样本企业按照企业的所有制性质分为国有企业、民营企业和外资企业进行分样本回归。回归结果表明，市场化水平的提高可以显著促进民营企业中研发强度高的企业的出口产品多样化水平；对国有企业和外资企业而言，市场化并不能显著促进企业出口产品的多样化程度，甚至作用为负。可能的原因是，由于国有企业和外资企业长期受到中国政府政策的保护和各种优惠待遇，这两种企业充分享受到了民营企业所未获得的制度优惠。因此，市场化程度的提高对国有企业和外资企业出口产品多样化的促进作用就不如民营企业那么明显。

（4）本章按照行业的研发强度将全体企业样本分为高研发强度企业和低研发强度企业并对其进行了分样本检验。实证结果表明，市场化水平的提升可以显著促进高研发强度企业的出口产品多样化，但是对低研发强度企业的出口多样化水平的促进作用并不显著。这也证实了本章的核心观点，面对由市场化程度的提高所引致的激烈的市场竞争，高研发强度企业可以凭借自身较高的产品创新水平进行差异化竞争战略，并在高生产率水平的支撑下进入国外市场。但是，对于低研发强度企业来说，由于其创新水平有限，可能无法实现生产产品多样化，甚至会面临被淘汰的风险。

出口产品的多样化可以大大缓解由国际市场需求下降和价格波动所造成的不利冲击，避免出口出现大幅波动，从而可以维持企业的持续稳定出口。本章的研究结论表明，市场化有利于中国企业出口产品多样化水平的提升，对研发强度越高的企业，市场化的促进作用越显著。这一主要结论对于理解中国市场化改革的意义和为政府部门制定出口稳定增长政策提供了新的思路和实证依据。一方面，虽然目前中国的经济转型还在进行，以市场为主导的市场经济体制正在逐步建立和完善，但是我们应注意到中国的市场化水平还较低，与发达国家相比还有一定的差距，今后要进一步深化市场化改革，发挥市场化对中国出口产品多样化的促进作用。另一方面，要积极促进企业创新能力的提升。通过建立更为严格的知识产权保护体系，设计更多的创新激励机制，鼓励企业进行多样化产品的生产，最终实现中国出口产品的多样化和出口贸易的可持续增长。

# 第六章　市场化与中国企业出口持续时间

传统的国际贸易理论只关注出口贸易额的增加，而忽略了出口贸易的其他维度。根据 Melitz（2003）的新新贸易理论的观点，一国出口贸易的增加可以分解为出口的集约边际和出口的扩展边际。上一章已经研究了企业出口的扩展边际，即企业出口产品种类的多样化，结果表明市场化程度的提高能够显著促进企业出口产品多样化水平的提升，并且对高研发强度企业的促进作用更显著。

从现实情况来看，目前中国企业的研发创新能力依然较弱，在许多领域具有自主知识产权的核心性技术仍然不足。因此，面对当前严峻的全球经济形势以及疲软的国际市场需求，保持现有企业的持续出口就成为中国出口量持续扩大的关键点。实际上，中国出口贸易的蓬勃发展并不仅仅依赖企业出口规模的扩大和企业出口产品的多元化，出口持续时间的延长也能够对中国的对外贸易发展产生重要作用。

关于中国出口贸易快速发展的原因，Rodrik（2006）和张杰等（2008）都认为，中国的出口贸易之所以会呈现出一些不符合经典的国际贸易理论的现象，某些特殊的制度因素可以提供一些合理的解释。与国外的发达经济体不同，中国企业的生产经营行为会受到一个关键性特殊因素的影响——转型期的制度。中共十一届三中全会以来，中国决定开始实行改革开放政策，经济的市场化程度有了巨大变化。作为经济活动的主体，企业的行为决策与其所处的外部制度环境是紧密相关的，它们会密切关注着市场化转型过程中自身所面临的发展机遇与挑战，以及市场化转型对自身交易成本、经营决策和发展战略等方面所产生的影响。作为制度变迁重要标志的市场化改革，市场化水平的提高必然会成为影响中国企业出口持续时间的关键所在。

本章将从市场化经济体制的视角，尝试在新制度经济学与新新贸易理论的分析框架下考察地区市场化对中国企业出口持续时间的影响。文章其余部分安排如下：第一节是市场化对企业出口生存的作用机制分析；第二节是中国企业出口持续时间的分布特征估计；第三节是市场化对企业出口生存的实证检验；第四节是分组样本的估计结果及分析；第五节是本章小结。

## 第一节　作用机制分析

大量经验研究均已经表明，制度是一个国家或一个地区企业层面乃至产业层面生产率的重要影响因素（Williamson，1985；Grossman 和 Hart，1986），并且制度质量的改善能够显著促进生产率的提升（Acemoglu 等，2005）。对于发展中经济体来说，张杰等（2011）研究发现，发展中经济体中企业 TFP 的提升，可以部分地由其所在的以市场化改革为导向的制度环境的改善来解释。特别是对于那些正处于市场化转型阶段的发展中经济体来说，市场化对企业生产率的这种提升作用可能更有意义。

对中国而言，随着地区市场化程度的提高，经济体制由计划经济向市场经济转型，市场在要素及资源配置中发挥着决定性作用，这会造成地区内市场竞争程度加剧。竞争的加剧会导致企业的利润空间被压缩甚至威胁到企业的生存，为了避免被淘汰并获得利润，企业不得不不断加大研发投入进行研发和创新、提升自身生产效率。

Chow 和 Lin（2002）测算了中国全要素生产率在其实行市场化经济体制改革前后的变化状况，研究表明，1978 年实行市场化改革以前中国的全要素生产率基本维持在稳定状态，但是 1978 年以后其全要素生产率在以年均约 2. 7%的速度提升。

樊纲等（2003）通过构建衡量中国各地区市场化进程的综合指标，实证考察了市场化对中国全要素生产率水平以及经济增长的影响效果，得出市场化转型促进了资源的优化配置，1997—2007 年全要素生产率提升中的 39. 2%是由市场化贡献的。

此外，由于企业 R&D 活动具有很大的风险性，其结果也不确定，这就需要有良好的外部环境给予支持。李丹蒙和夏立军（2008）认为，目前中国企业缺乏自主创新激励的其中一个深层原因就在于制度环境。制度环境的好坏对企业的研发活动具有重要影响。在市场化程度高的地区，其经济体制比较完善，法律法规相对更为健全，能够为企业的技术创新提供良好的环境支持。由此可见，完善的市场制度可以为企业进行研发创新活动和生产率的提高创造一个良好的外部环境。

企业从事出口活动的持续时间可以反映出该企业在全球市场上的生存能力，是企业国际竞争力与抵御外部冲击的能力的综合表现（Shao 等，2012）。随着地区市场化进程的推进，由此激发的较强的创新能力和技术水平是企业出口生存的关键，能够使企业有效应对国际市场的波动，抵御出口市场风险，最终延长其出口持续时间。

## 第二节　中国企业出口持续时间的分布估计

在正式的计量模型构建之前，本章选取 2000—2007 年的中国工业企业数据库，采用出口企业生存曲线来直观地了解中国出口企业生存的基本特征。

### 一、数据处理

本章定义企业的出口持续时间为企业从进入国外市场一直到退出出口市场所历经的时间（中间无间隔），根据工业企业数据库的特点，以年来度量企业的出口持续时间。将某一企业停止出口行为的事件定义为“失败”事件，如果企业退出出口市场，则二元失败变量 *Fail* 取值为 1，否则取值为 0。需要指出的是，在进行数据处理时，存在以下问题：

（1）“数据删失”问题，已有研究在进行相关贸易关系持续时间的分析时，均考虑了数据的删失问题。本章选取 2000—2007 年的微观数据来考察市场化对企业出口持续时间的影响，但是由于企业样本的观测时期跨度有限，我们无法获知超出样本数据时间之外的企业的出口情况。例如，对于在 2000 年有出口行为的企业，我们无法知道它确切的出口起始年份，因此数据存在“左删失”问题。如果忽视这一问题，将会低估企业出口的持续时间。本章对此的处理方法为，选取在 2000 年无出口行为，但在 2001—2007 年有出口行为的企业。因此，在本章中，样本企业的最长出口持续时间为 7 年。关于数据“右删失”问题，对于那些在 2007 年依旧有出口活动的企业来说，我们无法获知企业的出口行为将持续多久，因此数据存在“右删失”问题。本章采用的生存分析方法可以很好地解决样本数据的右删失问题。

（2）企业间断性出口问题，即企业存在一段以上的持续出口时间。在本章的样本中，可能存在多段持续出口问题，即企业出口一段时间之后可能会退出出口市场，之后又会重新进入。Besedeš 和 Prusa（2006b）的研究表明，如果一个贸易关系存在多于 1 段以上的出口持续时间段时，并不会影响该贸易关系持续时间长度的分布特征。因此，本章将同一个企业的多段持续出口时间看作是相互之间独立的。

## 二、企业出口生存率的估计

在生存分析中，往往使用生存函数（也叫生存率）或者危险函数（也叫危险率）来描述个体生存时间的分布情况，它是将终点事件是否发生以及发生终点事件时前后所经历的时间结合在一起的一种统计分析方法，生存分析方法被广泛地应用于生物学、医学、人口学以及社会学等。近几年，随着微观企业贸易数据的可获得，众多学者开始采用此方法考察一个国家或一个地区的企业出口生存问题，其中陈勇兵等（2012）是目前国内较为经典的考察中国微观企业出口生存及其决定因素的文献。基于此，本章借鉴陈勇兵等（2012）的方法，通过建立企业的出口生存函数以及出口危险函数来描述中国企业出口生存时间的分布状况。令 $T_i$ 表示企业 $i$ 的出口生存时间，企业 $i$ 相应的生存函数 $S_i(t)$ 表示其出口生存时间超过 $t$ 年（$t=1,2,\cdots,k$）的概率，即

$$S_i(t)=pr(T_i>t) \tag{6.1}$$

出口生存函数的非参数估计通过 Kaplan-Meier 乘积限估计式得出：

$$\hat{S}(t) = \prod_{k=1}^{t} \frac{n_k - d_k}{n_k} \tag{6.2}$$

式中，$n_k$ 代表在 $k$ 时期位于危险状态的企业的个数，$d_k$ 代表指同时期所观测到的失败企业的个数。企业 $i$ 的出口危险函数表示 $i$ 企业在 $t-1$ 时期出口，但是在 $t$ 期停止出口的概率，表达式如下：

$$h_i(t) = pr(t-1<T_i \leqslant t \mid T_i>t-1) = \frac{pr(t-1<T_i \leqslant t)}{pr(T_i>t-1)} \tag{6.3}$$

出口危险函数的非参数估计表达式为：

$$\hat{h}(t) = \frac{d_k}{n_k} \tag{6.4}$$

根据上述估计式，我们就可以得到中国出口企业在总体层面上、不同地区以及不同所有制等的出口生存特征。

### （一）企业出口生存函数的总体估计

图 6-1 为采用总体样本进行的企业出口生存函数估计，横坐标是时间（单位为年），纵坐标表示企业出口存活的概率。从图 6-1 中可以看出，在企业刚刚进入国际市场时，企业出口存活的概率较高，但是随着时间的延长，企业出口的生存率逐渐降低。最终，企业出口的生存概率趋于稳定。根据本章所计算的数据也可以发现，企业出口生存时间的中位数为 2 年，均值为 2. 37 年。由此可见，中国企业的出口持续时间非常短暂，大部分企业在进入国际市场之后的 2~3 年就会退出出口市场。

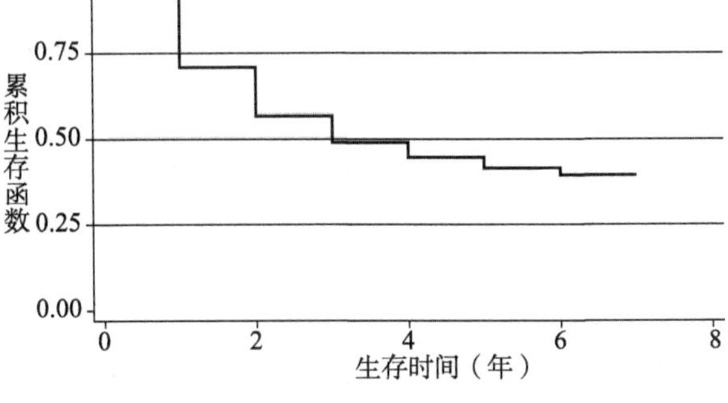


**图 6-1　总体样本的生存函数估计**

图 6-2 为根据企业出口的风险率所绘制的曲线图。从图 6-2 中可以看出，在企业出口初期，贸易关系存在失败的风险率较高，但是随着时间的延长，企业出口的风险率快速下降，即企业退出国外出口市场的可能性在不断降低。由此可见，与大部分学者的观点一致，中国企业出口的持续时间存在着负时间依存性。这个原因很好理解：一方面，随着企业出口持续时间的延长，企业积累了大量关于出口方面的经验，这有利于企业出口的进一步增加。另一方面，随着企业的出口，国外消费者对其产品具有依赖性，这也有利于企业出口时间的延长。这一结果与大部分学者的观点都一致，即贸易关系的风险率与时间呈负相关关系，即随着出口时间的延长，企业出口失败的可能性越低（Iacovone 和 Javorcik，2010）。

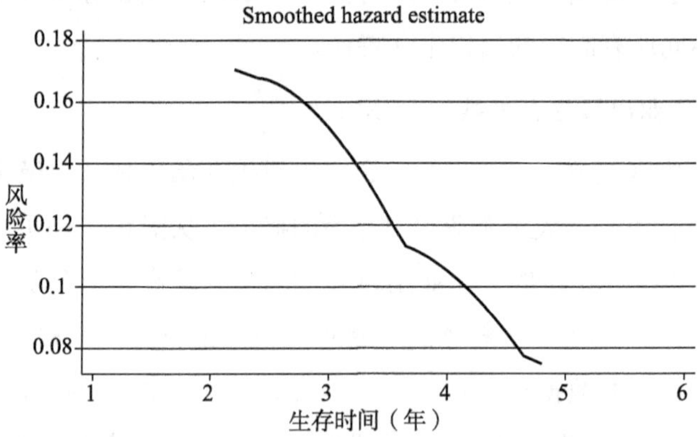


**图 6-2　总体样本的风险率**

### （二）企业出口生存函数的分地区估计

为了进一步考察企业出口持续时间的地区差异性，本章根据企业所在地区的不同将样本企业划分为东部地区、中部地区以及西部地区进行分组生存函数估计，估计结果如图 6-3 所示。

从图 6-3 中可以看出，位于不同地区的企业出口生存时间存在着显著的差异。东部地区企业的出口生存曲线在另外两个地区的出口生存曲线之上，这说明东部地区企业的出口生存概率要明显高于中部地区和西部地区，相较于中西部地区，东部地区的企业更有能力承担国际市场上的风险，出口生存能力更强。这可能是因为，一方面，相较于中西部地区，东部地区具有无法比拟的地理区位优势。由于具有漫长的海岸线和众多优良的港口，东部地区的企业可以实现与其他国家的经济和技术交流，从而企业的出口持续时间较长。另一方面，由于较早实行对外开放，东部地区企业参与对外贸易的经验要比中西部地区更为丰富，从而有利于其出口持续时间的延长。

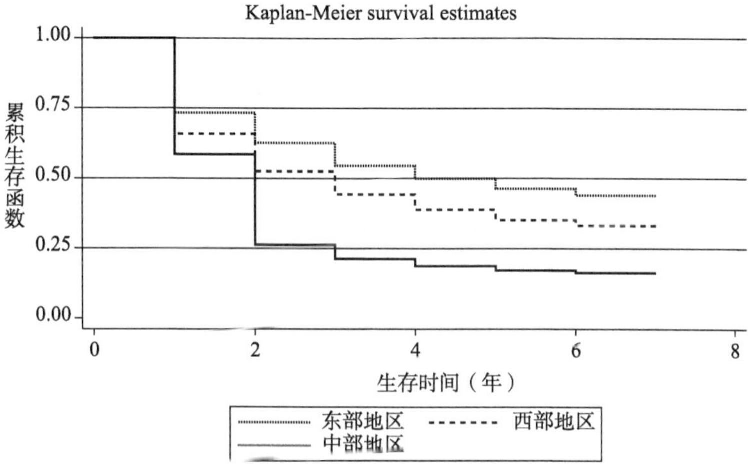


**图 6-3　分地区的生存函数估计**

### （三）企业出口生存函数的分所有制估计

目前，中国仍然处于经济转型时期，企业的产权制度呈现出多样化的特征。为了进一步考察企业出口生存的所有制差异性，本章根据企业性质的不同将总体企业样本划分为国有企业、民营企业和外资企业进行分组生存函数估计，如图 6-4 所示。

从图 6-4 中可以清晰地看到 3 条层次分明的曲线，这说明具有不同所有制性质的企业其出口生存概率也存在较大差异性。外资企业的出口生存曲线要明显高于国有企业和民营企业，这说明外资企业的出口生存概率远高于国有企业和民营企业。这主要是因为大部分外资企业都在从事加工贸易，一般都是“两头在外”，具有较为稳定的贸易关系，因此出口持续时间较长。另外，民营企业的出口生存概率又显著高于国有企业，反映了民营企业对国际市场风险的应对能力较强，这与民营企业一般都具有较高的技术水平，对于国际市场环境的波动可以迅速做出调整，从而可以在国际市场上存活较长时间有关。而对经营效率低下的国有企业来说，由于在国际市场上竞争较为激烈并且没有经营特权，导致其出口持续时间较短，要显著低于另两类企业的出口持续时间（陈勇兵等，2012）。

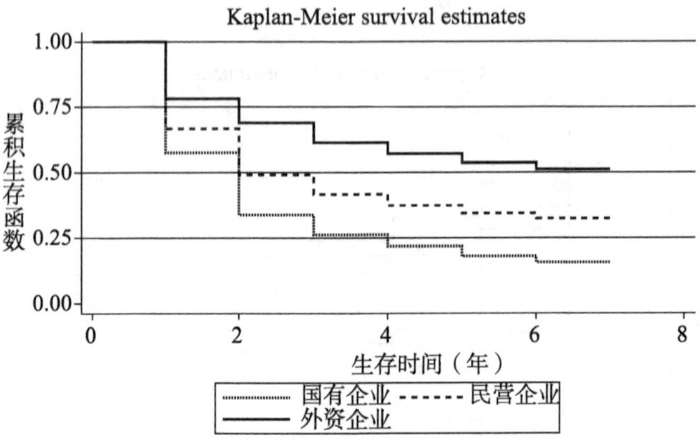


**图 6-4　分所有制的生存函数估计**

## 第三节　全体样本的估计结果及分析

以上仅是通过生存曲线图来描述中国出口企业在总体层面、不同地区以及不同所有制之间的出口持续时间的分布特征。以往文献在探索影响贸易关系持续时间的因素时，主要是借助考察各种因素对贸易关系失败概率的影响效应来实现。各因素会通过影响贸易关系的危险率而影响其生存率，进而影响贸易关系的持续时间。接下来，本章将采用更为严谨的计量模型进行实证分析，以考察地区市场化程度的提高对中国企业出口失败概率的影响，进而可以观察到其对企业出口持续时间的影响效果。

### 一、模型构建

Hess 和 Persson（2010）通过研究发现，采用连续的 Cox 风险模型来考察贸易关系持续时间的影响因素不合理，主要有三个缺点：①当贸易关系持续时间存在节点问题时，Cox 风险模型会引起估计偏误。②该模型难以控制其他无法观测到的变量对贸易关系持续时间的影响。③在对该模型进行应用时必须满足严格的假设条件。因此，他们认为在进行贸易关系持续时间影响因素的相关分析时，离散的时间生存分析模型比连续的风险比例分析模型更合适。又考虑到本章企业样本的观测数据是年度的，因此选取离散时间生存分析模型来进行实证估计。为了估计离散时间生存分析模型的参数，需要首先设定企业 $i$ 在时期 $t$ 的危险率 $h_{it}$ 的函数形式。通常，函数形式是假定危险率 $h_{it}$ 服从正态、*Logistic* 或极值分布，分别对应着 Probit、Logit 以及 Cloglog 模型，它们都具有连续时间 Cox 模型的优点，并能有效解决数据右删失的问题。基于 Cloglog 模型可以解决不可观测的异质性，因此本部分借鉴毛其淋和盛斌（2013）的方法来构建离散时间的 Cloglog 出口生存模型，具体模型形式如下：

$$Cloglog(1-h_{it})=C+\gamma_t+\partial\, mar_{jt}+\beta X_{it}+\varepsilon_{ijt} \tag{6.5}$$

式中，下标 $i$ 代表企业，$j$ 代表地区，$t$ 代表时间，$mar$ 是地区的市场化水平，$X$ 是影响企业出口风险率即失败的解释变量的集合，$h_i$ 是指具有控制变量集合 $X$ 的个体企业 $i$ 在时期 $t$ 的危险率。$\partial$ 是待估计的系数，$\gamma_t$ 是指非给定的随着时间改变的基准危险函数，$\varepsilon$ 为误差项。除了地区市场化水平，影响企业出口持续时间的因素还有很多。为了提高回归结果的可靠性，除了地区的市场化程度，在结合以往相关研究文献的基础上，本章还选取以下影响企业出口风险率的变量作为控制变量加入模型中，包括企业的全要素生产率、企业规模、企业的平均工资水平、企业的资本密集度、企业的融资约束、企业的经营年龄等变量。

## 二、变量度量

（1）企业的全要素生产率水平（ln*tfp*）。采用 Levinsohn 和 Petrin（2003）提出的半参数估计方法（简称 LP 方法）对企业的 TFP 进行测算，以“中间投入”作为企业中间要素投入的工具变量，使用固定资产净值年余额做资本存量的代理变量（盛丹等，2011），各变量都以对数的形式纳入估计方程。此种方法的优点是可以有效避免传统索洛余值以及 OLS 估计中的选择偏差以及内生性问题。

（2）企业的生产规模（ln*size*）。采用企业从业人员数然后取对数的形式来度量。

（3）企业的工资水平（ln*wage*）。采用年度应付工资总额与企业从业人员数的比值的对数值来度量。

（4）企业所面临的融资约束（ln*finance*）。借鉴孙灵燕和李荣林（2011）的方法，采用企业的利息支出与固定资产比值的对数值作为融资约束的代理变量。

（5）企业成立的年限（*age*），采用当年年份与企业成立年份的差值来度量。

（6）外资企业（*dwz*）。本章加入外资企业的虚拟变量 *dwz* 对企业的出口持续时间进行考察。*dwz* 是一个二值虚拟变量，当企业为外资企业时，取值为 1，否则取值为 0。

此外，本章还在模型中加入了时间虚拟变量，用于控制外部宏观经济政策以及经济环境的变化，如 2001 年加入 WTO、汇率政策改革等对企业出口持续时间的影响。加入地区虚拟变量，用来控制各地区要素禀赋差异、经济发展水平差异等对企业出口持续时间的影响。由于模型中被解释变量为贸易关系风险概率，其值越大表明企业的风险率越高，出口生存概率越低，因此当各解释变量的估计系数为负时，说明该因素会降低企业出口失败的概率，能够有效延长企业的出口持续时间。反之，当估计系数为正时，则说明该变量不利于企业出口生存。本文选取 2001—2007 年的工业企业面板数据进行实证研究，数据来自“中国工业企业数据库”。在实证分析之前，为了估计结果的准确性，对各变量的异常值进行了剔除。

## 三、初步估计结果

本章首先根据离散时间 Cloglog 生存模型就市场化对企业出口风险率的影响进行总体估计，以验证本书理论分析中的结论，即市场化水平的提高有利于企业的出口生存，能够促进企业出口持续时间的延长。

**表 6-1　企业出口持续时间的因素决定：总体检验**

| 变量 | 模型（1） | 模型（2） | 模型（3） | 模型（4） |
|---|---|---|---|---|
| *mar* | -0.262*** | -0.245*** | -0.158*** | -0.162*** |
| | (0.005) | (0.005) | (0.007) | (0.007) |
| ln*tfp* | | -0.109*** | -0.062*** | -0.062*** |
| | | (0.004) | (0.006) | (0.006) |
| ln*size* | | -0.234*** | -0.228*** | -0.224*** |
| | | (0.005) | (0.006) | (0.006) |
| ln*wage* | | | -0.247*** | -0.195*** |
| | | | (0.010) | (0.011) |
| ln*finance* | | | -0.010*** | -0.023*** |
| | | | (0.004) | (0.004) |
| *age* | | | | 0.001*** |
| | | | | (0.000) |
| *dwz* | | | | -0.420*** |
| | | | | (0.013) |
| *C* | -0.064 | 1.763*** | 1.599*** | 1.476*** |
| | (0.120) | (0.123) | (0.133) | (0.134) |
| *N* | 281088 | 281088 | 181317 | 181255 |
| 地区固定 | Yes | Yes | Yes | Yes |
| 时间固定 | Yes | Yes | Yes | Yes |

注：***表示1%的显著性水平，括号内为各变量估计系数的标准误。

表 6-1 中给出了采用总体样本逐步加入控制变量进行回归分析的估计结果，在控制地区以及年份固定效应以后，模型（1）中只加入了地区市场化水平这一变量，模型（2）中又加入了企业的全要素生产率水平以及企业规模，模型（3）在此基础上加入了企业的平均工资水平和企业的融资约束，模型（4）在模型（3）的基础上又加入了企业年龄和外资企业的虚拟变量。从表 6-1 中各列市场化指数的估计系数可以看出，市场化与企业的出口失败概率都呈现出显著的负相关关系，并且均在 1%的显著性水平上显著，这说明地区市场化程度的提高能够显著降低企业的出口风险

率，有效延长企业的出口持续时间。从其他解释变量对企业出口风险率的估计系数来看：

（1）企业的全要素生产率（ln*tfp*）。由表 6-1 中的估计系数可以看出，企业的生产率水平与企业出口失败概率二者呈显著的负相关关系，这说明生产率水平越高的企业其出口失败的概率越小，而维持持续出口的时间就越长。这可能是因为，一方面，根据新新贸易理论的观点，由于企业进入国外市场时所需要支付的出口固定成本（包括信息成本、交通运输费用以及销售渠道的建立、扩展成本等）大于其在国内销售的成本，只有那些生产效率高的企业才能够克服这一高额的贸易成本进而从事出口活动，而生产效率低的企业只能选择在国内销售甚至退出市场。另一方面，面对国外市场的激烈竞争，只有生产率水平高的企业才不会被市场淘汰，从而可以存活较长时间。这与 Bernard 等（2010）的观点一致，他们也发现生产率水平越高的企业放弃出口的可能性越小，出口持续时间越长。

（2）企业规模（ln*size*）。企业规模在 1%的显著性水平上与企业出口风险率负相关，这说明企业的生产规模在其持续出口行为中发挥着重要作用，规模较大的企业更容易在国际市场上存活下来。早前，以 Krugman（1980）为首的新贸易理论就着重强调了规模经济对一个国家或一个地区贸易比较优势形成的重要性。叶宁华等（2015）也指出，由于在国际市场上进行出口活动往往具有较大的风险和不确定性，相较于规模较小的企业，生产规模较大的企业凭借其较强的经济和经营实力可以及时克服由于国际市场的波动所带来的出口利润的不确定性，进而可以存活下去。

（3）企业的工资水平（ln*wage*）。从企业平均工资水平的估计系数来看，企业的平均工资水平越高越有利于企业的出口生存。这可能是因为，企业的工资水平不仅代表企业生产成本的增加，还可以反映出企业所雇用的劳动者的人力资本水平较高。高水平的人力资本意味着劳动者掌握新技术以及适应新生产环境的能力都较强，可以更为有效率地使用各种高新、复杂的生产设备，促进了劳动力与其他生产要素的有效结合，进而促进了企业生产效率的提升。除此之外，高水平的人力资本往往意味着员工可以进行技术改进和研发，创新生产经营活动，促进新产品的生产，从而可以帮助企业抵御国际市场的风险，促进企业出口持续时间的延长。

（4）融资约束（ln*finance*）。大量的经验研究已经表明，企业所面临的外部融资约束对企业的出口行为以及出口决策具有重要影响。于洪霞（2011）指出，当企业出口成本存在融资约束时，部分企业由于无法获得资金以克服出口进入成本，因而不能出口，而融资约束的降低可以有效提高企业进入国外市场的概率。因此，当企业所受到的融资约束障碍越小时，在一定程度上可以抵御出口市场风险，进而延长其出口时间。

（5）企业成立的时间（*age*）。企业的出口持续时间往往还受到企业经营年份的影响。由表中的估计系数可以看出，企业成立的年限越长，其出口持续时间就越短。这可能是因为，经营年限越长的企业意味着其生产设备等可能出现了老化，生产线和技术水平不够先进（毛其淋和盛斌，2013）。另外，就中国的现实情况来说，经营年限越长的企业可能会存在一些历史遗留问题如债务、人员管理等。这会使得企业在面对国际市场上的不利冲击时，很难灵活、迅速地进行调整，从而导致其出口生存时间较短。而经营时间较短的企业，其生产经营行为较为灵活，可以随时进行调整来应对国际市场上的各种风险，从而有利于其出口持续时间的延长。

（6）外资企业（*dwz*）。外资企业虚拟变量的估计系数显著为负，并且在1%的显著水平上显著，说明相较于内资企业来说，外资企业的出口失败概率较低，出口持续时间相对较长，这与前文中对不同所有制企业的出口生存曲线的估计结果相符。主要原因可能是，对外资企业来说，外资企业之所以要进入东道国主要是看中其廉价的资源，通过对产品进行加工、组装再出口到其他国家，其对外贸易合作者一般都较为稳定，并且外资企业具有丰富的出口经验，能够延长自身的出口持续时间。

## 四、稳健性检验

本章对总体样本的cloglog模型估计结果显示，市场化程度的提高能够显著降低企业出口失败的风险，有效延长企业的出口持续时间。为了验证实证估计结果的可靠性和稳定性，随后将采取其他方法从不同侧面进行稳健性检验。具体包括：

### （一）控制模型内生性问题

在进行实证研究的过程中，人们越来越关注变量是否存在内生性问题。如果内生性问题不予以解决，那么得到的实证估计结果就可能会是有偏的。在本章的研究中，地区市场化水平这一变量可能还存在内生性问题。主要原因是市场化与企业出口持续时间之间可能存在着潜在的双向因果关系，即企业出口生存能力越强、持续时间越长，越有可能通过游说政府来营造一个更好的外部制度环境，从而推动市场化改革。此外，尽管本章已经尽可能地控制了影响企业出口生存的各个变量，但是如果在实证模型中遗漏掉同时影响地区市场化水平与企业出口生存的其他因素，也很有可能会导致模型存在内生性。鉴于此，本章使用当期地区市场化指数的滞后一期变量作为自变量进行回归，这可以在一定程度上减轻模型中所存在的内生性问题。表 6-2 中第 1 列给出了回归结果。

### （二）改变市场化指标的度量方法

樊纲（2000）指出，在中国由计划经济向市场经济转轨的渐进式改革的道路上，主要成就就是发展起了一个以市场配置资源为导向的非国有经济。伴随着集体经济以及私营经济的快速发展，国有企业独霸天下的局面逐步被打破，中国非国有经济的发展取得了重大成就，市场在整个经济中的调节作用越来越强。由此可见，非国有经济的发展与该地区的市场化水平有着千丝万缕的关系。

本章将采用地区非国有经济的发展水平来度量该地区的市场化程度，进行稳健性检验。各地区非国有经济发展水平的数据来源于樊纲等（2011）编制的各地区市场化指数的分项指标。改变地区市场化指标度量方法的稳健性检验的结果如表 6-2 中第 2 列所示。

通过与表 6-1 中回归结果的对比可以发现，表 6-2 中无论是控制市场化水平的内生性还是改变市场化指标的度量方法，地区市场化对企业出口失败率的估计系数除了大小发生了改变，符号以及显著性大小都保持一致。市场化对企业出口风险率的估计系数显著为负，并且在 1%的显著性水平上显著。这再一次证实了本章的研究结论，即地区市场化程度的提高能够显著降低企业出口失败的风险率，有效延长企业的出口持续时间。这说明，本章的实证结果是稳健和可靠的。此外，各关键解释变量的估计系数的符号以及显著性也均没有发生实质性变化，在此不再赘述。

**表 6-2 稳健性检验**

| 变量 | 模型（1） | 模型（2） |
|---|---|---|
| *mar* | -0.320*** | -0.055*** |
| | (0.012) | (0.004) |
| ln*tfp* | -0.048*** | -0.068*** |
| | (0.010) | (0.006) |
| ln*size* | -0.324*** | -0.219*** |
| | (0.010) | (0.006) |
| ln*wage* | -0.302*** | -0.231*** |
| | (0.018) | (0.011) |
| ln*finance* | -0.015** | -0.023*** |
| | (0.006) | (0.004) |
| *age* | 0.006*** | 0.001*** |
| | (0.001) | (0.000) |
| *dwz* | -0.448*** | -0.416*** |
| | (0.023) | (0.013) |
| *C* | 2.435*** | 1.052*** |
| | (0.219) | (0.132) |
| *N* | 104962 | 181255 |
| 地区固定 | Yes | Yes |
| 时间固定 | Yes | Yes |

注：**和***分别表示5%和1%的显著性水平，括号内为各变量估计系数的标准误。

## 第四节 分组样本的估计结果及分析

具有不同特征的企业可能由于其所在地区不同、所有制性质不同、所在行业的特征不同等，会影响到市场化对其出口持续时间的影响。为了进一步考察市场化对企业出口持续时间促进作用的差异性，本章将按照不同的标准将总体样本企业划分后进行分组回归。

## 一、分地区的样本估计结果

从理论上来讲，在一个统一的经济体内部，各微观经济主体所面对的制度环境应该是一致的。然而，中国的现实情况却并非如此。由于中国的市场经济体制改革在一定程度上是由政府推进的，是主要依赖政策法规来开展的一种强制性的制度变革，因此，中央政府在市场化改革的推进过程中的一些非均衡的策略选择，以及各级地方政府行为的差异性，都可能会导致各地区在经济、法制、金融等制度环境方面存在较大差异（邓路等，2014）。那么，市场化程度对企业出口持续时间的这种延长作用是否会因地区的不同而存在差异呢？本章将全体样本分为东部地区、中部地区以及西部地区进行分组回归，结果如表 6-3 所示。

表 6-3 中三列是分别对东部地区、中部地区和西部地区进行分组回归的估计结果。通过这三列的估计系数可以看出，这三个地区市场化程度的提高对其企业出口持续时间的影响存在着较大的差异。具体地，东部地区和西部地区市场化水平的提高能够显著降低企业出口失败的概率，有效延长企业的出口持续时间，但是中部地区市场化水平的提高却显著缩短了企业的出口持续时间。对于中部地区市场化程度的提高没有有效促进企业出口生存的原因可能是，该地区企业的所有制类型较为单一，国有企业比重过大。根据中国工业企业数据库的原始数据计算，2000 年东部地区、中部地区和西部地区中国有企业的数量分别为 18637 家、44068 家和 8389 家，而到 2007 年，这三个地区国有企业的数目分别为 5232 家、11568 家和 2381 家。大量国有企业的存在，削弱了中部地区整体的经济活力。同时，国有企业自身效率低下、自主创新能力不足，市场化程度的提高并不能够有效地促进企业出口持续时间的延长。

**表 6-3　企业出口持续时间的因素决定：分地区的检验**

| 变量 | 东部地区 | 中部地区 | 西部地区 |
|---|---|---|---|
| *mar* | -0.250*** | 0.227*** | -0.249*** |
| | (0.008) | (0.018) | (0.045) |
| ln*tfp* | -0.086*** | -0.022** | -0.126*** |
| | (0.008) | (0.011) | (0.027) |
| ln*size* | -0.253*** | -0.150*** | -0.145*** |
| | (0.007) | (0.010) | (0.027) |
| ln*wage* | -0.219*** | -0.178*** | 0.007 |
| | (0.013) | (0.022) | (0.052) |
| ln*finance* | -0.011** | -0.044*** | -0.026 |
| | (0.004) | (0.007) | (0.020) |
| *age* | 0.001*** | 0.001* | 0.003 |
| | (0.000) | (0.001) | (0.002) |
| *dwz* | -0.391*** | -0.413*** | -0.461*** |
| | (0.015) | (0.040) | (0.086) |
| *C* | 2.496*** | -1.279*** | 1.376*** |
| | (0.219) | (0.126) | (0.265) |
| *N* | 150843 | 24531 | 5881 |
| 地区固定 | Yes | Yes | Yes |
| 时间固定 | Yes | Yes | Yes |

注：*、**和***分别表示10%、5%和1%的显著性水平，括号内为各变量估计系数的标准误。

## 二、分企业所有制类型的样本估计结果

当前，中国仍然处在市场化经济转型阶段，相较于一般的市场经济体，其最大的差异性之一就在于企业产权制度的发展具有多元化的特点。由于政府政策保护、技术水平等方面的差异，可能会导致在面对其所处的制度环境发生改变时，具有不同所有制的企业其出口行为的反应会存在差异性。那么，市场化程度对企业出口持续时间的这种延长作用是否会因企业所有制的不同而有所不同呢？为此，本章将按照企业的所有制性质将总体样本分为国有企业、民营企业和外资企业，分别考察地区市场化程度的

提高对这三类企业出口持续时间影响的差异。具体估计结果见表 6-4。

由表 6-4 中市场化水平的估计系数可以看出，在国有企业、民营企业以及外资企业之间，地区市场化水平的提高对这三类企业出口持续时间的影响存在着较大差异。具体来看：

第一，对国有企业来说，市场化程度对国有企业出口失败概率的估计系数为正，并且在 1%的统计水平上显著，这说明地区市场化程度的提升能够促进企业出口失败概率的提升，即会大大缩短国有企业的出口持续时间。这可能是因为，由于长期处于行业垄断地位，存在政府大量倾斜性的政策扶持以及金融体系的融资支持等，国有企业充分享受到了垄断利润。但是这种长期的优惠政策导致国有企业在总体上缺乏市场竞争力和创新意识，导致生产效率低下，从而进入国外市场的可能性很小。即使进入国际市场，由于国有企业在国际市场上体制僵化，缺乏竞争力，无法应对经营风险以及市场波动，会很容易退出出口市场。

第二，对民营企业来说，市场化程度的估计系数显著为负，这说明地区市场化程度的提高能够显著降低企业出口失败的概率，即市场化能够有效延长民营企业的出口持续时间。对于民营企业来说，由于受到先天的“政策歧视”（如法律、行政以及金融等）以及行业进入壁垒的制约，民营企业长期处于弱势地位，其出口行为并不理想。而此时随着市场化程度的提高，在银行贷款、市场公平竞争等方面给民营企业创造了一个良好的外部环境，受益于地区市场化程度的提高所带来的交易费用降低以及生产率水平的提升，民营企业在国际市场上的竞争力有所提升，最终有利于其出口持续时间的延长。

第三，对外资企业来说，同样地，地区市场化水平的提升也能够显著提高外资企业在国际市场上的出口存活率。这可能是因为，与国有企业不同的是，外资企业大部分都属于加工贸易，与国外市场具有稳定的贸易合作关系。并且，由于具有跨国经营背景，母公司又会在拓建国际市场网络、出口信息搜寻等方面给予扶持与帮助，这使得外资企业可以很好地抵御国际市场冲击从而维持其出口行为。

**表 6-4　企业出口持续时间的因素决定：分企业所有制的检验**

| 变量 | 国有企业 | 民营企业 | 外资企业 |
|---|---|---|---|
| *mar* | 0.105*** | -0.150*** | -0.227*** |
| | (0.038) | (0.008) | (0.015) |
| ln*tfp* | -0.093*** | -0.044*** | -0.099*** |
| | (0.027) | (0.007) | (0.011) |
| ln*size* | -0.192*** | -0.228*** | -0.263*** |
| | (0.026) | (0.007) | (0.012) |
| ln*wage* | -0.093* | -0.185*** | -0.241*** |
| | (0.051) | (0.014) | (0.020) |
| ln*finance* | -0.051*** | -0.033*** | 0.009 |
| | (0.018) | (0.004) | (0.007) |
| *age* | 0.001 | 0.000 | 0.001** |
| | (0.000) | (0.001) | (0.000) |
| *C* | 0.552 | 1.259*** | 1.036* |
| | (0.356) | (0.154) | (0.583) |
| *N* | 4076 | 113731 | 63448 |
| 地区固定 | Yes | Yes | Yes |
| 时间固定 | Yes | Yes | Yes |

注：*、**和***分别表示 10%、5%和 1%的显著性水平，括号内为各变量估计系数的标准误。

## 三、分企业规模的样本估计结果

在将企业按照中国工业企业数据库中企业规模代码划分为大型企业、中型企业和小型企业之后，本章还考察了市场化影响企业出口持续时间的规模差异，回归结果见表 6-5。从表 6-5 中可以看出，市场化程度的提高能够在 1%的显著性水平上显著降低中型企业和小型企业的出口风险率，有助于这两类企业出口持续时间的延长。但是，对大型企业来说，市场化并没有显著促进其出口持续时间的延长。其中的原因可能是，企业的生产规模在其技术创新中扮演着重要角色，规模较大的企业往往都是技术的领先者，凭借着较高的出口贸易核心竞争力，大型企业的出口持续时间本身来说往往也相对较长。因此，当地区市场化程度提高时，由其所带来的外部制度环境的改善对大型企业出口生存的影响就变得不明显。而对中型企业和小型企业来说，面对激烈的市场竞争，企业技术创新和技术水平提升的幅度较大，能够有效延长其出口持续时间。

**表 6-5 企业出口持续时间的因素决定：分企业规模的检验**

| 变量 | 大型企业 | 中型企业 | 小型企业 |
|---|---|---|---|
| *mar* | -0.047 | -0.254*** | -0.156*** |
| | (0.051) | (0.022) | (0.008) |
| ln*tfp* | 0.089* | 0.052*** | -0.091*** |
| | (0.049) | (0.018) | (0.007) |
| ln*size* | -0.150*** | -0.190*** | -0.262*** |
| | (0.056) | (0.026) | (0.007) |
| ln*wage* | -0.182** | -0.272*** | -0.199*** |
| | (0.086) | (0.031) | (0.012) |
| ln*finance* | -0.047 | -0.022* | -0.022*** |
| | (0.032) | (0.011) | (0.004) |
| *age* | 0.001 | -0.000 | 0.001*** |
| | (0.001) | (0.001) | (0.000) |
| *dwz* | -0.423*** | -0.478*** | -0.399*** |
| | (0.126) | (0.039) | (0.015) |
| *C* | -1.170 | 1.392*** | 1.686*** |
| | (0.809) | (0.308) | (0.161) |
| *N* | 4786 | 29976 | 146489 |
| 地区固定 | Yes | Yes | Yes |
| 时间固定 | Yes | Yes | Yes |

注：*、**和***分别表示10%、5%和1%的显著性水平，括号内为各变量估计系数的标准误。

## 四、分行业要素密集度的样本估计结果

本章进一步参照 Lall（2000）的方法，按照行业的要素密集度将样本分为劳动密集型行业、资本密集型行业以及技术密集型行业来考察市场化对中国企业出口持续时间的行业差异，回归结果如表 6-6 所示。从表 6-6 中可以看出，市场化均能够显著降低这三种类型行业的出口失败概率，有

效延长企业的出口持续时间。

从影响系数来看，市场化对企业出口持续时间的这种促进作用从大到小依次为技术密集型行业、资本密集型行业以及劳动密集型行业。这说明，相对于劳动密集型行业，市场化程度的提高更能够有效延长资本和技术密集型企业的出口持续时间。这可能是因为，资本和技术密集型企业往往具有高投资、高风险的特点。此时，当地区市场化程度提高时，能够为这两类企业提供一个良好的外部制度环境，有利于其进行投资创新，提升自身的生产率水平。因此，一旦资本和技术密集型企业进入出口市场，凭借自身的技术优势就可以维持较长的出口时间。相比较而言，劳动密集型企业的设备技术程度往往较低，大多数都属于传统的服装、纺织等行业，受当地制度环境的制约较少。因此，地区市场化程度的提高对其出口持续时间的影响幅度较小。

**表 6-6　企业出口持续时间的因素决定：分行业要素密集度的检验**

| 变量 | 劳动密集型 | 资本密集型 | 技术密集型 |
|---|---|---|---|
| *mar* | -0.127*** | -0.149*** | -0.230*** |
| | (0.010) | (0.016) | (0.014) |
| ln*tfp* | -0.074*** | -0.049*** | -0.070*** |
| | (0.008) | (0.013) | (0.012) |
| ln*size* | -0.207*** | -0.186*** | -0.296*** |
| | (0.008) | (0.013) | (0.012) |
| ln*wage* | -0.228*** | -0.184*** | -0.192*** |
| | (0.015) | (0.024) | (0.022) |
| ln*finance* | -0.029*** | -0.031*** | 0.004 |
| | (0.005) | (0.008) | (0.007) |
| *age* | 0.001*** | 0.001* | 0.001** |
| | (0.000) | (0.000) | (0.000) |
| *dwz* | -0.365*** | -0.495*** | -0.479*** |
| | (0.018) | (0.033) | (0.027) |

续表

| 变量 | 劳动密集型 | 资本密集型 | 技术密集型 |
|---|---|---|---|
| C | 1.339*** | 0.986*** | 2.919*** |
|  | (0.169) | (0.264) | (0.428) |
| N | 100048 | 31005 | 50199 |
| 地区固定 | Yes | Yes | Yes |
| 时间固定 | Yes | Yes | Yes |

注：*、**和***分别表示10%、5%和1%的显著性水平，括号内为各变量估计系数的标准误。

## 第五节　本章小结

出口持续时间是剖析一个国家或一个地区出口动态及内在本质的新工具，延长企业的出口持续时间是中国实现稳外贸战略和缓冲国际需求疲软的主要手段，也是缓解中国当前内外困境的重要途径之一。本章以中国经济转型为背景，通过选取2000—2007年的企业微观数据，利用生存分析方法实证分析了市场化对企业出口持续时间的影响，以期为中国“稳外贸”战略提供有价值的参考。本章归纳起来，主要结论如下：

（1）本章采用生存函数对中国企业的出口生存特征进行了分析，采用生存分析方法刻画的生存曲线表明，中国企业的出口持续时间较短，中位值为2年。对不同地区以及不同性质的企业而言，其出口持续时间存在显著差异性。具体地，东部地区企业的出口存活概率显著高于中部和西部地区，外资企业和民营企业的出口存活概率要明显高于国有企业。

（2）本章采用离散时间Cloglog生存分析方法实证考察了地区市场化程度的提高对企业出口持续时间的影响，结果表明地区市场化程度的提高有利于企业出口存活概率的提升，即市场化能够显著延长企业的出口持续时间。除此之外，企业的全要素生产率越高、企业规模越大，企业出口失败的概率就越小，而企业年龄越大，越不利于其出口持续时间的延长。同时，本章通过控制模型内生性以及改变地区市场化水平的度量指标进行稳健性检验后发现，该结论依然成立。

（3）基于企业所在地区的不同、所有制性质的不同、企业规模以及所在行业的不同，本章还实证考察了市场化对中国企业出口持续时间的分样本差异性。研究结果表明，从不同地区来看，东部和西部地区市场化水平的提高能够有效延长企业的出口持续时间，而中部地区却不利于企业的出口生存。

从不同类型的所有制企业来看，地区市场化程度的提高能够显著降低民营企业和外资企业出口失败的概率，有效延长这两类企业的出口持续时间。但是，相比较而言，市场化却显著缩短了国有企业的出口持续时间。

从不同企业规模来看，市场化能够显著延长中型企业和小型企业的出口持续时间，但是对大型企业的出口生存作用却不显著。

从不同行业来看，市场化程度的提高对劳动密集型、资本密集型和技术密集型行业的出口持续时间均具有显著的促进作用，这种促进作用从大到小依次为技术密集型、资本密集型和劳动密集型行业。

# 第七章　结论与研究展望

传统的新古典经济理论在对经济问题进行分析时往往把制度作为既定变量，忽视了制度因素在经济运行中所起的作用。随着新制度经济学的兴起，关于制度与国际贸易关系的文献开始大量涌现。在新制度经济学派的理论框架下，市场化改革的本质其实就是制度的变革，市场化进程的推进就是制度变迁的过程。基于中国40年来的市场化体制改革的视角，众多学者研究了其对中国“经济增长奇迹”的贡献，但是关于市场化对中国出口贸易影响的文献并不多见，特别是从微观角度进行研究的文献则更少。要探究中国背景下企业的出口行为，就不能回避市场化改革这个重要的制度环境对其可能产生的影响。鉴于此，本书基于2000—2007年的微观数据实证考察了市场化对中国企业出口行为的影响，重点关注市场化对企业出口的二元边际、出口产品多样化以及出口持续时间的影响。

## 第一节　主要结论

本书的主要结论如下：

（1）关于市场化对中国企业出口倾向和出口规模的影响研究中，总体样本的估计结果表明，市场化水平的提高能够显著促进企业出口概率的提升以及出口规模的扩大。同时，对技术复杂度越高的行业，市场化的促进作用越突出。本书将市场化的估计系数进行标准化之后发现，相较于企业出口的集约边际（即出口规模的扩大），市场化对中国出口贸易的促进作用更多地体现在扩展边际，即企业出口倾向的提高上。这一结论不受市场化的内生性和市场化指标选取的影响，十分稳健。

随后，本书进一步考察了市场化对高技术复杂度企业出口促进作用的地区、所有制以及行业差异，结果显示，市场化水平的提升对于不同地区、不同所有制以及不同技术复杂度的出口促进作用存在差异性。具体地，地区市场化程度的提高对中部地区、民营企业以及高技术复杂度企业的出口倾向促进作用更大。

（2）关于市场化对中国企业出口产品多样化的影响研究中，总体样本的估计结果显示，在控制其他企业特征变量以及地区和行业的固定效应之后，市场化水平的提高在1%的显著性水平上能够显著促进企业出口产品多样化水平的提升。对研发强度越高的企业，这种促进作用越突出。随后，在分地区的差异性检验中，东部地区市场化程度的提高能够显著促进高研发强度企业出口的产品多样化，而中部与西部地区的这一促进作用均不显著。在分企业所有制的差异性检验中，市场化能够显著促进民营企业中研发强度高的企业的出口产品多样化水平的提升，而对外资企业的促进作用并不显著，对国有企业的作用甚至不显著且为负。在分行业研发强度高低的分组回归中，市场化能够显著促进研发强度高的企业的出口产品多样化，但是对较低研发强度的企业的出口产品多样化的促进作用并不显著。

（3）关于市场化对中国企业出口持续时间的影响研究中，本书首先采用生存曲线刻画了中国企业出口的生存特征，结果表明中国企业的出口持续时间十分短暂，中位值为2年。并且，位于不同地区的企业和具有不同所有制性质的企业的出口生存概率存在着较大差异，出口生存率从高到低依次为东部地区、西部地区和中部地区、外资企业、民营企业和国有企业。

随后，在采用离散时间Cloglog生存模型就市场化对中国企业出口持续时间的实证检验结果表明，市场化程度的提高能够显著降低企业出口失败的风险，有效延长企业的出口持续时间。并且，这一结论在考虑了市场化的内生性以及改变市场化的指标度量之后依然稳健。本书的进一步分析还表明，市场化对企业出口生存的这种积极影响存在着显著的地区、所有制、企业规模以及行业差异。具体地，东部地区和西部地区市场化水平的提升能够显著延长企业的出口持续时间，但是中部地区却不利于企业的出口生存。市场化水平的提高对民营企业和外资企业的出口生存具有显著的积极作用，但是却缩短了国有企业的出口持续时间。市场化能够显著降低中型企业和小型企业的出口失败概率，延长这两类企业的出口持续时间，但是对于大型企业来说，市场化的这种促进作用并不显著。市场化能够显著促进劳动密集型、资本密集型和技术密集型企业出口持续时间的延长，并且这一促进作用从大到小依次为技术密集型、资本密集型和劳动密集型行业。

## 第二节　政策启示

本书就市场化对中国企业出口二元边际、企业出口产品多样化以及企业出口持续时间的影响展开了分析，得出了上述研究结论。根据本书的研究结论，笔者主要从政府层面和企业层面提出相关建议。

### 一、政府层面

对于发展中经济体来说，出口贸易以及经济能否保持持续增长，不仅取决于一系列经济行为主体的自身条件，还取决于其所处的外部制度环境。近年来，虽然中国的市场化转型进展顺利，取得了显著的成就，但是从目前来看，与发达国家相比，中国的市场化改革进程还远未完成，仍有很多制度层面的因素制约着微观经济主体的生产和经营行为。中国长期的可持续对外贸易发展和经济增长还需要依靠进一步的制度改革，因此，政府还需要继续推进市场化改革的进程，以完善企业的市场环境，从而形成国际贸易制度的比较优势。特别是，中国各地区之间的市场化发展程度存在不平衡现象，中西部地区的市场化水平还远落后于东部地区，提高市场化水平是促进中西部地区乃至全国出口贸易规模扩大以及经济快速增长的根本出路。鉴于此，中国要继续加快市场化改革，并着重提高中西部地区的市场化水平。具体包括：

#### （一）理顺政府和市场二者之间的关系

中共十八届三中全会指出："全面深化改革的重点就在于进行经济体制改革，其核心问题是正确处理好政府与市场两者之间的关系，从而使得市场在资源配置中发挥决定性作用并更好地发挥政府作用。”这不仅是对中国过去40余年改革历程的经验概括，更为今后进行经济体制以及行政改革确定了方向。目前，中国的市场化还不是很完善，地方政府对当地的经济发展还发挥着重要的推动作用。从短期来看，受发展水平与现实情况的制约，地方政府仍然是促进经济增长的主导力量。但是从长远来看，过分地依赖地方政府会导致市场的活力不足，企业的自主创新意识缺失。目前，中国政府对市场还存在过多的干预，政府职能还没有完全转变，这与“小政府、大社会、大服务”的现代政府的要求不相符。因此，地方政府应该简政放权，加快政府职能转变，以减少其对要素、资源配置的过多干预，提升市场对资源的配置作用。

**（二）鼓励发展非国有经济**

纵观中国历年来的经济改革实践，要使经济保持快速发展的趋势，必须致力于发展非国有经济（樊纲，2000）。打破国有经济的垄断地位以提高国有企业的经营效率，努力发展非国有经济已成为中国市场经济转轨的核心。张宇（2009）指出，当前中国的私营企业仍然面临着各种政策上的歧视，主要表现在两个方面：一是对民营企业行业准入的门槛高，各种行政审批障碍多。二是民营企业银行贷款难、税负高。为此，中国政府要进一步改善民营企业的生存和发展环境，通过放松对民营经济行业进入的行政管制，加大对非国有经济财政、信贷的支持力度，充分发挥并完善各级政府对民营经济的社会服务等措施促进非国有经济的发展。

**（三）大力培育产品和要素市场**

对产品市场而言，当前中国的地区、部门以及行业性的市场分割成为产品自由流通的重大制约因素，市场分割是产生垄断的主要原因之一，阻碍了国内有序市场的建立。鉴于商品市场的秩序会直接影响到市场机制的正常运行，为完善商品市场，中国政府应采取经济、法律和行政手段等加强对商品市场的管理，规范商品市场的运行秩序，降低产品市场上的流通障碍等。此外，竞争性定价制度是产品市场的核心机制，要促进商品价格形成机制和体系的合理化，消除价格体系形成过程中的扭曲因素。

对要素市场而言，要素的配置以及自由流动是影响经济活力与效率的关键因素。目前，中国在劳动力、土地和资本等重要因素市场上的发展还不是很充分，要素市场的发育以及进一步的完善还存在着制度层面的制约。针对当前经济的现实情况，中国政府提出了供给侧改革，其主战场就是要素市场改革。去掉过剩产能、低效要素，引导要素向高效、创新发展，加快城乡之间在土地、资金和劳动力等要素方面的自由流动，通过对生产要素的优化配置，形成新的全面提升中国全要素生产率的格局。

### （四）改善法制环境

市场经济是一个法制经济，面对当前中国法制制度环境依然较为落后的局面，中国亟须完善法制建设。首先，强化反垄断的立法和执法以打破行业垄断和行政垄断，以便于中小企业可以有更多渠道实现资源共享、机会获得以及资金获取等，为中小企业提供更多的发展机遇。其次，实施产权保护制度是一项保障中国市场经济正常运行的重要制度，是中国经济体制改革的重要内容。市场交易是权利的相互转移，无论是对于人力资本还是物质资本的产权或者是自然资源的产权，都需要得到很好的尊重和保护。为此，中国政府要强化知识产权保护意识，加强重点领域的产权执法，利用财政资金引导和鼓励科技成果进行产权化、知识产权专业化等，为企业提供全面的知识产权服务。

## 二、企业层面

国际经济的竞争，其本质就是科技水平与能力的竞争。面对激烈的国际市场竞争，企业要想在国际市场上站稳脚跟，就必须要摆脱以往技术含量低、附加值低的劳动密集型产品的出口，大幅度促进高附加值和高新技术产品的出口，通过提升自身的技术创新能力来增强外贸的核心竞争力。

当前，中国企业的自主创新能力普遍较低，技术水平较为低下。市场化程度的提高会带来激烈的市场竞争，企业要想在市场中生存发展，实现较理想的出口，就必须努力提高自身的自主创新能力。首先，充足稳定的研发资金是企业进行自主创新的必备资源和基本前提。研发资金投入不足将会直接导致企业研发实力的落后，在政府加大对企业自主创新在财政、税收和金融等方面支持的同时，作为自主创新的主体，企业也要加强自身的技术创新能力建设。为此，一方面，企业研发资金的融资方式不能仅限于自筹和商业贷款，而要广开渠道，积极融资。另一方面，企业内部资金的分配要合理地向研发环节倾斜，保证研发资金的优先供给，为技术创新提供充足的资金来源。其次，高水平人才的缺乏已经成为当前影响企业自主创新的重要因素。因此，企业要加大对自主创新的人力投入，提高全员的整体创新素质。通过进行员工培训、积极引进高级人才等，着力建设一支具有创新精神和能力的专业人才队伍。此外，充分利用外部创新资源，实现产学研合作创新是推动企业进行自主创新的重要路径。通过采用多种合作形式，与高校、科研机构等建立长期而稳定的合作关系，积极引入它们的科技成果，通过改造、升级现有产品和技术，促进科技成果顺利转化为现实生产力，最终形成企业专属的核心技术。

## 第三节　研究展望

本书选取2000—2007年的微观企业数据从多个角度实证考察了市场化对中国企业出口行为的影响，在一定程度上丰富了现有关于制度质量与国际贸易相关关系在微观领域的研究，也有助于加深对中国当前经济体制改革的认识。但是，本书的研究尚存在一些不足之处且有值得进一步探索的空间，主要体现在以下几方面：

（1）受篇幅的限制，本书主要基于企业出口的倾向与规模、企业出口产品的多样化以及企业出口的持续时间这三大方面系统考察了市场化对中国出口贸易的微观效应。作为经济活动的独立个体，企业的出口行为是指有关出口的决策活动。在现实中，企业出口行为并不仅仅局限于本书所考察的这几个方面，如企业的出口产品质量、企业出口市场的多元化、企业的定价行为等，这些均是企业出口行为的重要体现，并在一个国家或一个地区的出口贸易发展中发挥着重要作用。因此，在后续的研究中，本书将继续拓展研究维度，围绕这几个方面展开详细的研究，以期得到更加丰富的结论。

（2）本书仅从实证角度分析了市场化对中国企业出口行为的影响，尚缺乏理论分析，在后续的研究中，借助于逻辑推演或构建数理模型来考察市场化影响出口贸易的微观机制，可以在理论上丰富和扩展关于制度质量对国际贸易影响的相关研究。

（3）在中国的对外贸易中，加工贸易几乎占据了“半壁江山”，是中国出口贸易的重要组成部分。这些从事加工贸易的企业，往往都是利用中国廉价的劳动力和自然资源，为国外产品进行代工贴牌生产，其产品主要销往国外。因此，在以后的研究中，考虑到大量加工贸易企业的存在，通过去除中国出口企业中从事加工贸易的企业，或者进行分样本检验，将是日后进一步努力的方向。

（4）由于数据原因，本书的实证结论可能具有一定的局限性，在后续的研究中，本书将尽可能地完善数据，就市场化对中国企业出口行为的影响进行更为全面的分析。

# 附　录

**附表1　1995—2014年金融危机以来中国所遭遇的反倾销调查**

单位：个

| 年份 | 中国遭遇的反倾销调查数 | 世界总的反倾销调查数 | 中国占世界的比重（%） |
|---|---|---|---|
| 1995 | 20 | 157 | 12.74 |
| 1996 | 43 | 226 | 19.03 |
| 1997 | 33 | 246 | 13.41 |
| 1998 | 27 | 264 | 10.23 |
| 1999 | 43 | 359 | 11.98 |
| 2000 | 43 | 296 | 14.53 |
| 2001 | 55 | 372 | 14.78 |
| 2002 | 50 | 311 | 16.08 |
| 2003 | 53 | 234 | 22.65 |
| 2004 | 49 | 220 | 22.27 |
| 2005 | 53 | 200 | 26.50 |
| 2006 | 73 | 203 | 35.96 |
| 2007 | 61 | 165 | 36.97 |
| 2008 | 78 | 218 | 35.78 |
| 2009 | 78 | 217 | 35.94 |
| 2010 | 44 | 173 | 25.43 |
| 2011 | 51 | 165 | 30.91 |
| 2012 | 60 | 208 | 28.85 |
| 2013 | 75 | 287 | 26.13 |
| 2014 | 63 | 236 | 26.69 |
| 总计 | 1052 | 4757 | 22.11 |

数据来源：WTO。

**附表 2　2000—2014 年中国出口情况**

单位：亿美元

| 年份 | 中国出口总额 | 世界出口总额 | 中国出口占世界出口的比重（%） | 中国 GDP | 中国出口占 GDP 的比重（%） |
|---|---|---|---|---|---|
| 2000 | 2492.03 | 64523.18 | 3.86 | 11928.36 | 20.89 |
| 2001 | 2660.98 | 61950.68 | 4.30 | 13172.30 | 20.20 |
| 2002 | 3255.96 | 64997.86 | 5.01 | 14555.54 | 22.37 |
| 2003 | 4382.28 | 75899.83 | 5.77 | 16505.11 | 26.55 |
| 2004 | 5933.26 | 92237.68 | 6.43 | 19446.72 | 30.51 |
| 2005 | 7619.53 | 105024.88 | 7.25 | 22872.37 | 33.31 |
| 2006 | 9689.78 | 121277.71 | 7.99 | 27931.81 | 34.69 |
| 2007 | 12204.56 | 140207.75 | 8.70 | 35044.11 | 34.83 |
| 2008 | 14306.93 | 161488.64 | 8.86 | 45472.77 | 31.46 |
| 2009 | 12016.12 | 125557.78 | 9.57 | 51054.58 | 23.54 |
| 2010 | 15777.54 | 153021.38 | 10.31 | 59497.85 | 26.52 |
| 2011 | 18983.81 | 183389.67 | 10.35 | 73144.44 | 25.95 |
| 2012 | 20487.14 | 184967.27 | 11.08 | 82294.47 | 24.89 |
| 2013 | 22090.04 | 189548.44 | 11.65 | 91812.04 | 24.06 |
| 2014 | 23423.06 | 190037.32 | 12.33 | 100666.74 | 23.27 |

数据来源：联合国贸发会。

**附表 3　中国工业制成品的出口及其构成**

单位：亿美元

| 年份 | 工业制成品出口总额 | 工业制成品出口占比（%） | 化学及有关产品 | 轻纺产品、矿冶产品及其制品 | 机械及运输设备 | 杂项制品 | 未分类的其他商品 |
|---|---|---|---|---|---|---|---|
| 2000 | 2237.43 | 89.78 | 5.41 | 19.02 | 36.92 | 38.56 | 0.10 |
| 2001 | 2397.60 | 90.10 | 5.57 | 18.27 | 39.58 | 36.33 | 0.24 |
| 2002 | 2970.56 | 91.23 | 5.16 | 17.83 | 42.74 | 34.05 | 0.22 |
| 2003 | 4034.16 | 92.06 | 4.85 | 17.11 | 46.55 | 31.26 | 0.24 |
| 2004 | 5527.77 | 93.17 | 4.77 | 18.21 | 48.53 | 28.29 | 0.20 |
| 2005 | 7129.16 | 93.56 | 5.02 | 18.11 | 49.41 | 27.24 | 0.23 |
| 2006 | 9160.17 | 94.53 | 4.86 | 19.08 | 49.82 | 25.98 | 0.25 |
| 2007 | 11562.67 | 94.74 | 5.22 | 19.02 | 49.91 | 25.67 | 0.19 |
| 2008 | 13527.36 | 94.55 | 5.87 | 19.40 | 49.78 | 24.84 | 0.13 |
| 2009 | 11384.83 | 94.75 | 5.45 | 16.23 | 51.85 | 26.33 | 0.14 |

续表

| 年份 | 工业制成品出口总额 | 工业制成品出口占比（%） | 化学及有关产品 | 轻纺产品、矿冶产品及其制品 | 机械及运输设备 | 杂项制品 | 未分类的其他商品 |
|---|---|---|---|---|---|---|---|
| 2010 | 14960. 69 | 94. 82 | 5. 85 | 16. 65 | 52. 15 | 25. 24 | 0. 10 |
| 2011 | 17978. 36 | 94. 70 | 6. 38 | 17. 77 | 50. 16 | 25. 55 | 0. 13 |
| 2012 | 19481. 56 | 95. 09 | 5. 83 | 17. 10 | 49. 50 | 27. 50 | 0. 07 |
| 2013 | 21017. 36 | 95. 14 | 5. 69 | 17. 16 | 49. 41 | 27. 66 | 0. 08 |
| 2014 | 22296. 01 | 95. 19 | 6. 03 | 17. 95 | 48. 01 | 27. 90 | 0. 10 |

数据来源：历年《中国统计年鉴》。

## 附表 4　中国初级产品的出口及其构成

单位：亿美元

| 年份 | 初级产品出口总额 | 初级产品出口占比（%） | 食品及活动物 | 饮料及烟类 | 非食用原料 | 矿物燃料、润滑油及有关原料 | 动、植物油脂及蜡 |
|---|---|---|---|---|---|---|---|
| 2000 | 254. 60 | 10. 22 | 48. 24 | 2. 93 | 17. 53 | 30. 85 | 0. 46 |
| 2001 | 263. 38 | 9. 90 | 48. 51 | 3. 31 | 15. 84 | 31. 91 | 0. 42 |
| 2002 | 285. 40 | 8. 77 | 51. 23 | 3. 45 | 15. 42 | 29. 56 | 0. 34 |
| 2003 | 348. 12 | 7. 94 | 50. 36 | 2. 93 | 14. 45 | 31. 93 | 0. 33 |
| 2004 | 405. 49 | 6. 83 | 46. 52 | 2. 99 | 14. 41 | 35. 71 | 0. 36 |
| 2005 | 490. 37 | 6. 44 | 45. 84 | 2. 41 | 15. 26 | 35. 94 | 0. 55 |
| 2006 | 529. 19 | 5. 46 | 48. 61 | 2. 25 | 14. 85 | 33. 58 | 0. 70 |
| 2007 | 615. 09 | 5. 04 | 49. 98 | 2. 27 | 14. 82 | 32. 44 | 0. 49 |
| 2008 | 779. 57 | 5. 45 | 42. 03 | 1. 96 | 14. 52 | 40. 76 | 0. 74 |
| 2009 | 631. 12 | 5. 25 | 51. 70 | 2. 60 | 12. 92 | 32. 28 | 0. 50 |
| 2010 | 816. 86 | 5. 18 | 50. 37 | 2. 33 | 14. 20 | 32. 65 | 0. 44 |
| 2011 | 1005. 45 | 5. 30 | 50. 22 | 2. 26 | 14. 90 | 32. 10 | 0. 52 |
| 2012 | 1005. 58 | 4. 91 | 51. 79 | 2. 58 | 14. 26 | 30. 83 | 0. 54 |
| 2013 | 1072. 68 | 4. 86 | 51. 95 | 2. 43 | 13. 58 | 31. 50 | 0. 54 |
| 2014 | 1126. 92 | 4. 81 | 52. 28 | 2. 56 | 14. 04 | 30. 57 | 0. 55 |

数据来源：历年《中国统计年鉴》。

**附表 5　2000—2014 年中国出口贸易方式构成**

单位：亿美元

| 年份 | 出口总额 | 一般贸易 | 加工贸易 | 来料加工 | 进料加工 | 其他贸易 |
|---|---|---|---|---|---|---|
| 2000 | 2492.397 | 1051.88 | 1376.46 | 411.21 | 965.25 | 64.05 |
| 2001 | 2666.611 | 1121.78 | 1475.27 | 422.37 | 1052.89 | 69.56 |
| 2002 | 3256.421 | 1362.36 | 1799.74 | 474.63 | 1325.11 | 94.32 |
| 2003 | 4384.726 | 1821.29 | 2418.47 | 542.33 | 1876.14 | 144.96 |
| 2004 | 5936.472 | 2436.77 | 3282.54 | 686.11 | 2596.43 | 217.16 |
| 2005 | 7623.268 | 3151.96 | 4166.86 | 839.89 | 3326.97 | 304.45 |
| 2006 | 9693.248 | 4163.84 | 5105.57 | 944.88 | 4160.69 | 423.84 |
| 2007 | 12181.55 | 5388.41 | 6175.34 | 1157.36 | 5017.98 | 617.81 |
| 2008 | 14288.69 | 6627.71 | 6753.04 | 1103.81 | 5649.22 | 907.94 |
| 2009 | 12019.48 | 5300.84 | 5870.59 | 933.95 | 4936.64 | 848.04 |
| 2010 | 15784.47 | 7210.10 | 7405.39 | 1123.44 | 6281.94 | 1168.98 |
| 2011 | 18992.81 | 9175.77 | 8355.82 | 1076.27 | 7279.56 | 1461.21 |
| 2012 | 20501.09 | 9885.31 | 8633.34 | 988.86 | 7644.49 | 1982.44 |
| 2013 | 22090.05 | 10879.47 | 8610.33 | 924.98 | 7685.35 | 2600.24 |
| 2014 | 23423.11 | 12041.12 | 8844.59 | 905.74 | 7938.85 | 2537.39 |

数据来源：中经网统计数据库。

**附表 6　2007—2014 年中国出口主要目的市场**

单位：亿美元

| 国家（地区） | 2007 年 | 2008 年 | 2009 年 | 2010 年 | 2011 年 | 2012 年 | 2013 年 | 2014 年 |
|---|---|---|---|---|---|---|---|---|
| 中国香港 | 1844.32 | 1907.43 | 1662.33 | 2183.17 | 2680.25 | 3235.27 | 3847.92 | 3631.91 |
| 印度 | 240.16 | 315.00 | 296.67 | 409.19 | 505.43 | 476.73 | 484.43 | 542.22 |
| 日本 | 1020.71 | 1161.34 | 979.11 | 1210.61 | 1482.98 | 1516.43 | 1502.75 | 1494.42 |
| 韩国 | 561.41 | 739.51 | 536.80 | 687.71 | 829.24 | 876.81 | 911.76 | 1003.40 |
| 中国台湾 | 234.58 | 258.78 | 205.05 | 296.77 | 351.12 | 367.79 | 406.44 | 462.85 |
| 东盟 | 941.79 | 1141.42 | 1062.97 | 1382.07 | 1700.83 | 2042.72 | 2440.70 | 2720.72 |
| 印度尼西亚 | 126.11 | 171.92 | 147.21 | 219.73 | 292.22 | 342.89 | 369.32 | 390.59 |
| 马来西亚 | 176.91 | 213.75 | 196.32 | 238.06 | 278.90 | 365.18 | 459.33 | 463.59 |
| 菲律宾 | 75.00 | 90.78 | 85.85 | 115.41 | 142.54 | 167.32 | 198.35 | 234.74 |
| 新加坡 | 296.38 | 323.00 | 300.66 | 323.48 | 355.70 | 407.52 | 458.64 | 489.15 |
| 泰国 | 119.74 | 156.05 | 133.07 | 197.47 | 256.97 | 312.00 | 327.38 | 342.96 |
| 越南 | 119.01 | 151.22 | 163.01 | 231.14 | 290.92 | 342.10 | 485.93 | 637.36 |

**续表**

| 国家（地区） | 2007 年 | 2008 年 | 2009 年 | 2010 年 | 2011 年 | 2012 年 | 2013 年 | 2014 年 |
|---|---|---|---|---|---|---|---|---|
| 欧盟 | 2451.92 | 2928.78 | 2362.84 | 3112.35 | 3560.20 | 3339.88 | 3390.08 | 3708.84 |
| 英国 | 316.58 | 360.69 | 312.77 | 387.71 | 441.25 | 462.99 | 509.49 | 571.43 |
| 德国 | 487.18 | 591.74 | 499.20 | 680.47 | 764.35 | 692.18 | 673.58 | 727.12 |
| 法国 | 203.26 | 233.04 | 214.60 | 276.54 | 299.97 | 269.00 | 267.19 | 287.08 |
| 意大利 | 211.72 | 266.08 | 202.44 | 311.41 | 336.98 | 256.57 | 257.56 | 287.58 |
| 荷兰 | 414.13 | 459.10 | 366.82 | 497.06 | 595.00 | 589.04 | 603.17 | 649.31 |
| 俄罗斯联邦 | 284.88 | 330.05 | 175.14 | 296.13 | 389.04 | 440.58 | 495.95 | 536.78 |
| 南非 | 74.29 | 85.93 | 73.66 | 108.03 | 133.63 | 153.27 | 168.31 | 157.01 |
| 巴西 | 113.72 | 187.50 | 141.19 | 244.63 | 318.43 | 334.15 | 361.92 | 348.94 |
| 加拿大 | 193.97 | 217.89 | 176.75 | 222.17 | 252.68 | 281.26 | 292.19 | 300.06 |
| 美国 | 2327.04 | 2522.97 | 2208.16 | 2833.04 | 3244.93 | 3517.96 | 3684.27 | 3960.82 |
| 澳大利亚 | 179.93 | 222.38 | 206.46 | 272.26 | 339.10 | 377.40 | 375.60 | 391.54 |
| 新西兰 | 21.60 | 25.05 | 20.85 | 27.65 | 37.37 | 38.65 | 41.32 | 47.41 |

注：东盟包括新加坡、菲律宾、印度尼西亚、文莱、马来西亚、泰国、越南、老挝、缅甸和柬埔寨。欧盟包括英国、法国、德国、意大利、荷兰、希腊、比利时、丹麦、葡萄牙、爱尔兰、卢森堡、西班牙、芬兰、奥地利、瑞典、波兰、马耳他、塞浦路斯、立陶宛、匈牙利、爱沙尼亚、斯洛文尼亚、捷克、拉脱维亚、斯洛伐克、罗马尼亚和保加利亚。

数据来源：海关信息网。

## 附表 7　中国按经营单位分地区出口情况

单位：亿美元

| 年份 | 东部地区 | 中部地区 | 西部地区 | 东部占比（%） | 中部占比（%） | 西部占比（%） |
|---|---|---|---|---|---|---|
| 2000 | 2268.78 | 148.57 | 74.68 | 91.04 | 5.96 | 3.00 |
| 2001 | 2439.87 | 149.80 | 71.87 | 91.67 | 5.63 | 2.70 |
| 2002 | 2988.80 | 172.48 | 94.68 | 91.79 | 5.30 | 2.91 |
| 2003 | 4023.07 | 228.03 | 131.17 | 91.80 | 5.20 | 2.99 |
| 2004 | 5467.15 | 297.65 | 168.46 | 92.14 | 5.02 | 2.84 |
| 2005 | 7032.42 | 376.06 | 211.06 | 92.29 | 4.94 | 2.77 |
| 2006 | 8906.70 | 498.83 | 283.83 | 91.92 | 5.15 | 2.93 |
| 2007 | 11107.73 | 680.22 | 389.81 | 91.21 | 5.59 | 3.20 |
| 2008 | 12845.85 | 917.02 | 544.06 | 89.79 | 6.41 | 3.80 |
| 2009 | 10944.57 | 658.07 | 413.48 | 91.08 | 5.48 | 3.44 |

续表

| 年份 | 东部地区 | 中部地区 | 西部地区 | 东部占比（%） | 中部占比（%） | 西部占比（%） |
|---|---|---|---|---|---|---|
| 2010 | 14215.24 | 971.53 | 590.77 | 90.10 | 6.16 | 3.74 |
| 2011 | 16747.23 | 1328.78 | 907.80 | 88.22 | 7.00 | 4.78 |
| 2012 | 17590.01 | 1604.10 | 1293.03 | 85.86 | 7.83 | 6.31 |
| 2013 | 18700.48 | 1838.14 | 1551.41 | 84.66 | 8.32 | 7.02 |
| 2014 | 19433.43 | 2122.54 | 1866.96 | 82.97 | 9.06 | 7.97 |

数据来源：国家统计局。

**附表 8　2003—2014 年中国出口贸易分企业性质出口额**

单位：亿美元,%

| 年份 | 国有企业出口总额 | 外资企业出口总额 | 民营企业出口总额 | 国有企业出口占比（%） | 外资企业出口占比（%） | 民营企业出口占比（%） |
|---|---|---|---|---|---|---|
| 2003 | 1380.33 | 2403.38 | 600.00 | 31.49 | 54.83 | 13.69 |
| 2004 | 1535.94 | 3386.07 | 1011.68 | 25.89 | 57.07 | 17.05 |
| 2005 | 1688.13 | 4442.09 | 1489.77 | 22.15 | 58.30 | 19.55 |
| 2006 | 1913.45 | 5638.28 | 2139.01 | 19.75 | 58.18 | 22.07 |
| 2007 | 2248.14 | 6955.19 | 2976.82 | 18.46 | 57.10 | 24.44 |
| 2008 | 2572.28 | 7906.20 | 3806.98 | 18.01 | 55.34 | 26.65 |
| 2009 | 1909.94 | 6722.30 | 3384.38 | 15.89 | 55.94 | 28.16 |
| 2010 | 2343.60 | 8623.06 | 4812.66 | 14.85 | 54.65 | 30.50 |
| 2011 | 2672.22 | 9953.30 | 6360.48 | 14.07 | 52.42 | 33.50 |
| 2012 | 2562.83 | 10227.48 | 7699.03 | 12.51 | 49.92 | 37.58 |
| 2013 | 2489.86 | 10442.62 | 9167.72 | 11.27 | 47.25 | 41.48 |
| 2014 | 2564.94 | 10747.35 | 10115.18 | 10.95 | 45.87 | 43.18 |

数据来源：国研网。

**附表 9　制造业各行业的技术复杂度**

| 行业名称 | 技术复杂度 | 行业名称 | 技术复杂度 |
|---|---|---|---|
| 烟草制品业 | 0.85209 | 水泥、石灰和石膏制造业 | 0.93306 |
| 纺织服装、鞋、帽制造业 | 0.82078 | 水泥及石膏制品制造业 | 0.84905 |
| 皮革、毛皮、羽毛（绒）及其制品业 | 0.83560 | 砖瓦、石材及其他建筑材料制造业 | 0.94286 |
| 木材加工及木、竹、藤、棕、草制品业 | 0.80786 | 玻璃及玻璃制品制造业 | 0.93346 |

**续表**

| 行业名称 | 技术复杂度 | 行业名称 | 技术复杂度 |
|---|---|---|---|
| 家具制造业 | 0.84065 | 陶瓷制品制造业 | 0.93244 |
| 造纸及纸制品业 | 0.83754 | 耐火材料制品制造业 | 0.95610 |
| 印刷业和记录媒介的复制业 | 0.69157 | 石墨及其他非金属矿物制品制造业 | 0.93112 |
| 文教体育用品制造业 | 0.95747 | 炼铁业 | 0.85726 |
| 医药制造业 | 0.90444 | 炼钢业 | 0.89267 |
| 化学纤维制造业 | 0.86567 | 钢压延加工业 | 0.88777 |
| 橡胶制品业 | 0.90374 | 铁合金冶炼业 | 0.90094 |
| 塑料制品业 | 0.78871 | 有色金属冶炼及合金制造业 | 0.85035 |
| 金属制品业 | 0.87967 | 有色金属压延加工业 | 0.56451 |
| 谷物磨制业 | 0.36052 | 锅炉及原动机制造业 | 0.90053 |
| 饲料加工业 | 0.78350 | 金属加工机械制造业 | 0.92772 |
| 植物油加工业 | 0.61100 | 起重运输设备制造业 | 0.90621 |
| 制糖业 | 0.62432 | 泵、阀门、压缩机及类似机械的制造业 | 0.92607 |
| 屠宰及肉类加工业 | 0.50082 | 其他通用设备制造业 | 0.91248 |
| 水产品加工业 | 0.58700 | 矿山、冶金、建筑专用设备制造业 | 0.90468 |
| 其他食品加工业 | 0.77350 | 化工、木材、非金属加工专用设备制造业 | 0.87084 |
| 方便食品制造业 | 0.88938 | 农林牧渔专用机械制造业 | 0.92607 |
| 液体乳及乳制品制造业 | 0.80492 | 其他专用设备制造业 | 0.95076 |
| 调味品、发酵制品制造业 | 0.88961 | 铁路运输设备制造业 | 0.93428 |
| 其他食品制造业 | 0.92580 | 汽车制造业 | 0.76702 |
| 酒精及酒的制造业 | 0.88572 | 船舶及浮动装置制造业 | 0.92177 |
| 软饮料及精制茶加工业 | 0.93353 | 其他交通运输设备制造业 | 0.90331 |
| 棉、化纤纺织及印染精加工业 | 0.79602 | 电机制造业 | 0.93537 |
| 毛纺织和染整精加工业 | 0.77973 | 输配电及控制设备制造业 | 0.92447 |
| 麻纺织、丝绢纺织及精加工业 | 0.83431 | 电线、电缆、光缆及电工器材制造业 | 0.78504 |
| 纺织制成品制造业 | 0.83403 | 家用电力和非电力器具制造业 | 0.94412 |
| 针织品、编织品及其制品制造业 | 0.79511 | 其他电气机械及器材制造业 | 0.92890 |
| 石油及核燃料加工业 | 0.39153 | 通信设备制造业 | 0.81394 |

续表

| 行业名称 | 技术复杂度 | 行业名称 | 技术复杂度 |
|---|---|---|---|
| 炼焦业 | 0.72913 | 雷达及广播设备制造业 | 0.80630 |
| 基础化学原料制造业 | 0.90035 | 电子计算机制造业 | 0.67048 |
| 肥料制造业 | 0.91581 | 电子元器件制造业 | 0.73203 |
| 农药制造业 | 0.84061 | 家用视听设备制造业 | 0.62913 |
| 涂料、油墨、颜料及类似产品制造业 | 0.90532 | 其他电子设备制造业 | 0.84024 |
| 合成材料制造业 | 0.82552 | 仪器仪表制造业 | 0.90714 |
| 专用化学产品制造业 | 0.87692 | 文化、办公用机械制造业 | 0.82652 |
| 日用化学产品制造业 | 0.92778 | 工艺品及其他制造业 | 0.95452 |

# 参考文献


［1］安苑，王珺．财政行为波动影响产业结构升级了吗？——基于产业技术复杂度的考察［J］．管理世界，2012（9）：19-35.

［2］巴泽尔．产权的经济分析［M］．上海：上海人民出版社，1997.

［3］蔡地，万迪昉．制度环境影响企业的研发投入吗？［J］．科学学与科学技术管理，2012（4）：121-128.

［4］蔡昉，王德文，都阳，等．技术效率、配置效率与劳动力市场扭曲——解释经济增长差异的制度因素［J］．经济学动态，2002（8）：32-37.

［5］陈俊聪，黄繁华．对外直接投资与出口技术复杂度［J］．世界经济研究，2013（11）：74-79.

［6］陈蓉，许培源．产品多样化与国际贸易收益：研究述评［J］．国际贸易问题，2014（6）：151-163.

［7］陈维涛，王永进，毛劲松．出口技术复杂度、劳动力市场分割与中国的人力资本投资［J］．管理世界，2014（2）：6-20.

［8］陈晓华，刘慧．产品持续出口能促进出口技术复杂度持续升级吗？——基于出口贸易地理优势异质性的视角［J］．财经研究，2015，41（1）：74-86.

［9］陈勇兵，李燕，周世民．中国企业出口持续时间及其决定因素［J］．经济研究，2012（7）：48-61.

［10］陈勇兵，王晓伟，谭桑．出口持续时间会促进新市场开拓吗——来自中国微观产品层面的证据［J］．财贸经济，2014（6）：79-89.

［11］戴觅，余淼杰，Maitra M. 中国出口企业生产率之谜：加工贸易的作用［J］．经济学（季刊），2014，13（2）：675-698.

［12］戴翔，金碚．产品内分工、制度质量与出口技术复杂度［J］．

经济研究，2014（7）：4-17.

[13] 戴翔，张二震．中国出口技术复杂度真的赶上发达国家了吗[J]．国际贸易问题，2011（7）：3-16.

[14] 邓路，谢志华，李思飞．民间金融、制度环境与地区经济增长[J]．管理世界，2014（3）：31-40.

[15] 杜传忠，张丽．中国工业制成品出口的国内技术复杂度测算及其动态变迁——基于国际垂直专业化分工的视角[J]．中国工业经济，2013（12）：52-64.

[16] 樊纲．论体制转轨的动态过程——非国有部门的成长与国有部门的改革[J]．经济研究，2000（1）：11-21.

[17] 樊纲，王小鲁，张立文，等．中国各地区市场化相对进程报告[J]．经济研究，2003（3）：9-18.

[18] 樊纲，王小鲁，朱恒鹏．中国市场化指数——各地区市场化相对进程2011年报告[M]．北京：经济科学出版社，2011.

[19] 郭明星，董直庆，王林辉．经济增长制度决定论的前沿文献综述[J]．经济学动态，2008（8）：67-71.

[20] 韩剑．出口多样化与经济增长：理论及对中国的经验研究[J]．国际贸易问题，2009（8）：23-29.

[21] 何树全，张秀霞．中国对美国农产品出口持续时间研究[J]．统计研究，2011，28（2）：34-38.

[22] 黄玖立，李坤望．出口开放、地区市场规模和经济增长[J]．经济研究，2006（6）：27-38.

[23] 黄玖立，吴敏，包群．经济特区、契约制度与比较优势[J]．管理世界，2013（11）：28-38.

[24] 黄梅波，朱丹丹．国际发展援助的出口多样化促进效应分析——基于66个受援国面板数据的实证研究[J]．财贸经济，2015（2）：97-108.

[25] 黄先海，陈晓华，刘慧．产业出口复杂度的测度及其动态演进机理分析——基于52个经济体1993—2006年金属制品出口的实证研究

[J]. 管理世界，2010（3）：44-55.

[26] 蒋殿春，张宇．经济转型与外商直接投资技术溢出效应 [J]. 经济研究，2008（7）：26-38.

[27] 蒋灵多，陈勇兵．出口企业的产品异质性与出口持续时间 [J]. 世界经济，2015（7）：3-26.

[28] 金玉国．宏观制度变迁对转型时期中国经济增长的贡献 [J]. 财经科学，2001（2）：24-28.

[29] 李春顶．中国出口企业是否存在"生产率悖论"：基于中国制造业企业数据的检验 [J]. 世界经济，2010（7）：64-81.

[30] 李春顶，尹翔硕．我国出口企业的"生产率悖论"及其解释 [J]. 财贸经济，2009（11）：84-90.

[31] 李丹蒙，夏立军．股权性质、制度环境与上市公司 R&D 强度 [J]. 财经研究，2008，34（4）：93-104.

[32] 李富强，董直庆，王林辉．制度主导、要素贡献和我国经济增长动力的分类检验 [J]. 经济研究，2008（4）：53-65.

[33] 李建伟．普惠金融发展与城乡收入分配失衡调整——基于空间计量模型的实证研究 [J]. 国际金融研究，2017（10）：14-23.

[34] 李坤望，王永进．契约执行效率与地区出口绩效差异——基于行业特征的经验分析 [J]. 经济学（季刊），2010（3）：1007-1028.

[35] 林常青．中国对美国出口贸易持续时间及影响因素的研究 [J]. 国际贸易问题，2014（1）：61-70.

[36] 刘洪铎，吴庆源，李文宇．市场化转型与出口技术复杂度：基于区域市场一体化的研究视角 [J]. 国际贸易问题，2013（5）：32-44.

[37] 刘慧，陈晓华，周禄松．出口技术复杂度赶超对能源效率的影响研究——基于跨国面板数据门槛效应模型的非线性检验 [J]. 国际贸易问题，2014（8）：25-35.

[38] 刘小玄．中国转轨过程中的产权和市场——关于市场、产权、行为和绩效的分析 [M]. 上海：上海三联书店，2003.

[39] 卢姗．出口多样性对新兴经济体出口绩效的影响——基于跨国

数据的实证分析［J］. 世界经济研究，2009（7）：45-49.

［40］卢现祥，朱巧玲. 转型期我国市场化进程的多视角分析［J］. 财贸经济，2006（10）：69-76.

［41］卢中原，胡鞍钢. 市场化改革对我国经济运行的影响［J］. 经济研究，1993（12）：49-55.

［42］马光荣. 制度、企业生产率与资源配置效率——基于中国市场化转型的研究［J］. 财贸经济，2014（8）：104-114.

［43］毛其淋，盛斌. 对外经济开放、区域市场整合与全要素生产率［J］. 经济学（季刊），2011，11（1）：181-210.

［44］毛其淋，盛斌. 贸易自由化、企业异质性与出口动态——来自中国微观企业数据的证据［J］. 管理世界，2013（3）：48-68.

［45］聂辉华，邹肇芸. 中国应从"人口红利"转向"制度红利"［J］. 国际经济评论，2012（6）：124-135.

［46］潘向东，廖进中，赖明勇. 经济制度安排、国际贸易与经济增长影响机理的经验研究［J］. 经济研究，2005（11）：57-67.

［47］潘镇. 制度质量、制度距离与双边贸易［J］. 中国工业经济，2006（7）：45-52.

［48］齐俊妍，王永进，施炳展，等. 金融发展与出口技术复杂度［J］. 世界经济，2011（7）：91-118.

［49］钱学锋，王胜，陈勇兵. 中国的多产品出口企业及其产品范围：事实与解释［J］. 管理世界，2013（1）：9-27.

［50］钱学锋，熊平. 中国出口增长的二元边际及其因素决定［J］. 经济研究，2010（1）：65-79.

［51］邱斌，唐保庆，刘修岩，等. 要素禀赋，制度红利与新型出口比较优势［J］. 经济研究，2014（8）：107-119.

［52］邱斌，叶龙凤，孙少勤. 参与全球生产网络对我国制造业价值链提升影响的实证研究——基于出口复杂度的分析［J］. 中国工业经济，2012（1）：57-67.

［53］邵敏，包群. 地方政府补贴企业行为分析：扶持强者还是保护

弱者？［J］．世界经济文汇，2011（1）：56-72.

［54］盛丹，包群，王永进．基础设施对中国企业出口行为的影响："集约边际"还是"扩展边际"［J］．世界经济，2011（1）：17-36.

［55］盛丹，王永进．基础设施、融资依赖与地区出口比较优势［J］．金融研究，2012（5）：15-29.

［56］施炳展，逯建，王有鑫．补贴对中国企业出口模式的影响：数量还是价格？［J］．经济学（季刊），2013，12（4）：1413-1442.

［57］施炳展，冼国明．要素价格扭曲与中国工业企业出口行为［J］．中国工业经济，2012（2）：47-56.

［58］孙灵燕，李荣林．融资约束限制中国企业出口参与吗？［J］．经济学（季刊），2011，11（1）：231-252.

［59］孙晓华，李明珊，王昀．市场化进程与地区经济发展差距［J］．数量经济技术经济研究，2015（6）：39-55.

［60］孙早，刘李华，孙亚政．市场化程度、地方保护主义与R&D的溢出效应——来自中国工业的经验证据［J］．管理世界，2014（8）：78-89.

［61］孙铮，刘凤委，李增泉．市场化程度、政府干预与企业债务期限结构［J］．经济研究，2005（5）：52-63.

［62］谭智，王翠竹，李冬阳．目的国制度质量与企业出口生存：来自中国的证据［J］．数量经济技术经济研究，2014（8）：87-101.

［63］佟家栋，刘竹青．地理集聚与企业的出口抉择：基于外资融资依赖角度的研究［J］．世界经济，2014（7）：67-85.

［64］田巍，余淼杰．企业生产率和企业"走出去"对外直接投资：基于企业层面数据的实证研究［J］．经济学（季刊），2012，11（2）：383-408.

［65］佟家栋，刘竹青．地理集聚与企业的出口抉择：基于外资融资依赖角度的研究［J］．世界经济，2014（7）：67-85.

［66］王永进，李坤望，盛丹．契约制度与产业集聚：基于中国的理论及经验研究［J］．世界经济，2010（1）：141-156.

[67] 魏自儒，李子奈．进入顺序对企业出口持续时间的影响 [J]．财经研究，2013 (8)：51-63.

[68] 文东伟．贸易、制度变迁与中国的经济增长 [J]．数量经济技术经济研究，2013 (7)：51-65.

[69] 吴晓怡，邵军．金融发展、外部融资约束与出口平稳发展——基于贸易联系持续期视角的实证研究 [J]．国际贸易问题，2014 (7)：144-154.

[70] 肖星，徐永新，陈诣辉．市场化程度、股权结构与 IPO 时的无形资产剥离 [J]．金融研究，2012 (7)：154-167.

[71] 谢孟军．基于制度质量视角的我国出口贸易区位选择影响因素研究——扩展引力模型的面板数据实证检验 [J]．国际贸易问题，2013 (6)：3-15.

[72] 许家云，佟家栋，毛其淋．人民币汇率变动、产品排序与多产品企业的出口行为——以中国制造业企业为例 [J]．管理世界，2015 (2)：17-31.

[73] 许祥云．中国出口多样化影响因素的实证分析——基于中国对美出口的分析 [J]．南京财经大学学报，2009 (6)：19-24.

[74] 阳佳余，徐敏．融资多样性与中国企业出口持续模式的选择 [J]．世界经济，2015 (4)：50-76.

[75] 杨瑞龙，周业安．交易费用与企业所有权分配合约的选择 [J]．经济研究，1998 (9)：27-36.

[76] 杨小凯，张永生．新贸易理论、比较利益理论及其经验研究的新成果：文献综述 [J]．经济学（季刊），2001 (1)：19-44.

[77] 叶宁华，包群，张伯伟．进入、退出与中国企业出口的动态序贯决策 [J]．世界经济，2015 (2)：86-111.

[78] 易先忠，欧阳峣，傅晓岚．国内市场规模与出口产品结构多元化：制度环境的门槛效应 [J]．经济研究，2014 (6)：18-29.

[79] 于洪霞，龚六堂，陈玉宇．出口固定成本融资约束与企业出口行为 [J]．经济研究，2011 (4)：55-67.

[80] 张杰，李克，刘志彪．市场化转型与企业生产效率——中国的经验研究 [J]. 经济学（季刊），2011（2）：571-602.

[81] 张杰，刘志彪，张少军．制度扭曲与中国本土企业的出口扩张 [J]. 世界经济，2008（10）：3-11.

[82] 张军．分权与增长：中国的故事 [J]. 经济学（季刊），2007，7（1）：21-52.

[83] 张明志，林娟，铁瑛．出口专业化、出口多样化与中国经济增长——兼谈中国经济增长出口驱动力的转换 [J]. 国际贸易问题，2013（6）：16-26.

[84] 张爽，陆铭，章元．社会资本的作用随市场化进程减弱还是加强？——来自中国农村贫困的实证研究 [J]. 经济学（季刊），2007（2）：539-560.

[85] 张五常．经济解释（四卷本）[M]. 香港：花千树出版有限公司，2001.

[86] 张屹山，高丽媛．制度变迁下交易费用变化的权力视角分析——对诺斯第二悖论的再认识 [J]. 东北师范大学学报（哲学社会科学版），2014（3）：87-92.

[87] 张宇．制度约束、外资依赖与 FDI 的技术溢出 [J]. 管理世界，2009（9）：14-23.

[88] 周禄松，郑亚莉．出口技术复杂度升级对工资差距的影响：基于我国省级动态面板数据的系统 GMM 分析 [J]. 国际贸易问题，2014（11）：61-71.

[89] 周世民，盛月，陈勇兵．生产补贴、出口激励与资源错置：微观证据 [J]. 世界经济，2014（12）：47-66.

[90] 朱希伟，金祥荣，罗德明．国内市场分割与中国的出口贸易扩张 [J]. 经济研究，2005（12）：68-76.

[91] Acemoglu D., Antràs P., Helpman E. Contracts and Technology Adoption [J]. The American Economic Review, 2007, 97（3）：916-943.

[92] Acemoglu D., Johnson S., Robinson J. A. Reversal of Fortune: Ge-

ography and Institutions in the Making of the Modern World Income Distribution [J]. Quarterly Journal of Economics, 2001, 117 (4): 1231-1294.

[93] Acemoglu D., Johnson S., Robinson J. A., Yared P. From Education to Democracy? [J]. The American Economic Review, 2005, 95 (2): 44-49.

[94] Addison D. Productivity Growth and Product Variety: Gains from Imitation and Education [C]. Policy Research Working Paper, 2003, No. 3023.

[95] Aeberhardt R., Buono I., Fadinger H. Learning, Incomplete Contracts and Export Dynamics: Theory and Evidence From French Firms [J]. European Economic Review, 2014 (68): 219-249.

[96] Aghion P., Howitt P., Brant-Collett M., García-Peñalosa C. Endogenous Growth Theory [M]. MIT Press, 1998.

[97] Agosin M. R., Alvarez R., Bravo - Ortega C. Determinants of Export Diversification around the World: 1962 - 2000 [J]. The World Economy, 2012, 35 (3): 295-315.

[98] Al-Marhubi F. Export Diversification and Growth: An Ampirical Investigation [J]. Applied Economics Letters, 2000, 7 (9): 559-562.

[99] Amurgo-Pacheco A., Pierola M. D. Patterns of Export Diversification in Developing Countries: Intensive and Extensive Margins [C]. World Bank Policy Research Working Paper, 2008, No. 4473

[100] Anderson J. E., Marcouiller D. Insecurity and the Pattern of Trade: An Empirical Investigation [J]. The Review of Economics and Statistics, 2002, 84 (2): 342-352.

[101] Anderson S. P., Palma A. D. Market Performance with Multiproduct Firms [J]. The Journal of Industrial Economics, 2006, 54 (1): 95-124.

[102] Andersson M. International Trade and Product Variety-A Firm Level Study [C]. CESIS Working Paper Series, 2005, No. 43.

[103] Araujo L., Mion G., Ornelas E. Institutions and Export Dynamics [J]. Journal of International Economics, 2016 (98): 2-20.

[104] Araujo L., Omelas E. Trust-Based Trade Centre for Economic Per-

formance [C]. Cep Discussion Papers, 2007, No 820.

[105] Baumol W. J. Entrepreneurship: Productive, Unproductive, and Destructive [J]. Journal of Political Economy, 1990, 98 (5): 893-921.

[106] Beck T. Financial Development and International Trade: Is there a link? [J]. Journal of International Economics, 2002, 57 (1): 107-131.

[107] Belloc M. Institutions and International Trade: A Reconsideration of Comparative Advantage [J]. Journal of Economic Surveys, 2006, 20 (1): 3-26.

[108] Berkowitz D., Moenius J., Pistor K. Trade, Law, and Product Complexity [J]. The Review of Economics and Statistics, 2006, 88 (2): 363-373.

[109] Bernard A. B., Redding S. J., Schott P. K. Multi-Product Firms and Product Switching [J]. The American Economic Review, 2010, 100 (1): 70-97.

[110] Besedeš T. A Search Cost Perspective on Formation and Duration of Trade [J]. Review of International Economics, 2008, 16 (5): 835-849.

[111] Besedeš T. Export Differentiation in Transition Economies [J]. Economic Systems, 2011, 35 (1): 25-44.

[112] Besedeš T., Prusa T. J. Ins, Outs, and the Duration of Trade [J]. The Canadian Journal of Economics, 2006a, 39 (1): 266-295.

[113] Besedeš T., Prusa T. J. Product Differentiation and Duration of US Import Trade [J]. Journal of International Economics, 2006b, 70 (2): 339-358.

[114] Bils M., Klenow P. J. Quantifying Quality Growth [J]. The American Economic Review, 2001, 91 (4): 1006-1030.

[115] Bleaney M., Greenaway D. The Impact of Terms of Trade and Real Exchange Rate Volatility on Investment and Growth in Sub-Saharan Africa [J]. Journal of Development Economics, 2001, 65 (2): 491-500.

[116] Brenton P., Saborowski C., Uexkull E. V. What Explains the Low Survival Rate of Developing Country Export Flows? [R]. World Bank Policy Research Working Paper, 2009, No. 4951.

[117] Broda C., Weinstein D. E. Globalization and the Gains from Variety [J]. The Quarterly Journal of Economics, 2004, 121 (2): 541-585.

[118] Buera F. J., Kaboski J., Shin Y. Finance and Development: A Tale of Two Sectors [R]. National Bureau of Economic Research, 2009, No. 14914.

[119] Cabral M. H., Veiga P. Determinants of Export Diversification and Sophistication in Sub - saharan Africa [C]. FEUNL Working Paper Series, 2010, No. 550.

[120] Canepa A., Stoneman P. Financial Constraints to Innovation in the UK: Evidence from CIS2 and CIS3 [J]. Oxford Economic Papers, 2008, 60 (4): 711-730.

[121] Chaney T. Distorted Gravity: the Intensive and Extensive Margins of International Trade [J]. The American Economic Review, 2008, 98 (4): 1707-1721.

[122] Chang H. J. Institutions and Economic Development: Theory, Policy and History [J]. Journal of Institutional Economics, 2011, 7 (4): 473-498.

[123] Chenery H. B., Elkington H. Structural Change and Development Policy [M]. New York, Oxford University Press, 1979.

[124] Coase R. H. The Nature of the Firm [J]. Economica, 1937, 4 (16): 386-405.

[125] DeGroot H. L. F., Linders G. J., Rietveld P., Subramanian U. The Institutional Determinants of Bilateral Trade Patterns [J]. Kyklos, 2004, 57 (1): 103-123.

[126] Den Butter F. A. G., Mosch R. H. J. Trade, Trust and Transaction Costs [C]. Tinbergen Institute Discussion Papers, 2003.

[127] Dollar D., Kraay A. Institutions, Trade, and Growth: Revisiting the Evidence [C]. World Bank Policy Research Working Paper, 2003, No. 3004.

[128] Dzhumashev R., Mishra V., Smyth R. Exporting, R&D Investment and Firm Survival [R]. Monash University, Department of Economics, 2011.

[129] Eaton J., Eslava M., Kugler M., Tybout J. Export Dynamics in Co-

lombia: Firm-Level Evidence [C]. NBER Working Paper, 2007, No. 13531.

[130] Eaton J., Kortum S. Technology, Geography, and Trade [J]. Econometrica, 2002, 70 (5): 1741-1779.

[131] Eckel C., Neary J. P. Multi-Product Firms and Flexible Manufacturing in the Global Economy [J]. The Review of Economic Studies, 2010, 77 (1): 188-217.

[132] Esteve-Pérez S., Requena-Silvente F., PallardÓ-Lopez V. J. The-Duration of Firm-Destination Export Relationships: Evidence from Spain, 1997-2006 [J]. Economic Inquiry, 2013, 51 (1): 159-180.

[133] Feenstra R., Ma H. Optimal Choice of Product Scope for Multiproduct Firms Under Monopolistic Competition [R]. NBER Working Paper, 2007, No. 13703.

[134] Feenstra R. C., Kee H. L. Trade Liberalisation and Export Variety: A Comparison of Mexico and China [J]. The World Economy, 2007, 30 (1): 5-21.

[135] Feenstra R. C., Madani D., Yang T. H., Liang C. Y. Testing Endogenous Growth in South Korea and Taiwan [J]. Journal of Development Economics, 1999, 60 (2): 317-341.

[136] Fugazza M., Molina A. C. On the Determinants of Exports Survival [M]. New York and Geneva, 2011.

[137] Funke M., Ruhwedel R. Export Variety and Export Performance: Empirical Evidence for the OECD Countries [J]. Review of World Economics, 2002, 138 (1): 97-114.

[138] Giovannetti G., Ricchiuti G., Velucchi M. Size, Innovation and Internationalization: A Survival Analysis of Italian Firms [J]. Applied Economics, 2011, 43 (12): 1511-1520.

[139] Grossman S., Hart O. The Costs and Benefits of Ownership: A Theory of Vertical and Lateral Integration [J]. Journal of Political Economy, 1986, 94 (4): 691-719.

[140] Hall R. E., Jones C. I. Why Do Some Countries Produce So Much Output per Worker than Others [J]. Quarterly Journal of Economics, 1999, 114 (1): 83-116.

[141] Hart O., Moore J. Property Rights and the Nature of the Firm [J]. Journal of Political Economy, 1990, 98 (6): 1119-1158.

[142] Hausmann R., Hwang J., Rodrik D. What You Export Matters [J]. Journal of Economic Growth, 2007, 12 (1): 1-25.

[143] Hausmann R., Rodrik D. Economic Development as Self-discovery [J]. Journal of Development Economics, 2003, 72 (2): 603-633.

[144] Heckman J. J. Sample Selection Bias as a Specification Error [J]. Econometrica, 1979, 47 (1): 153-161.

[145] Helpman E., Melitz M., Rubinstein Y. Estimating Trade Flows: Trading Partners and Trading Volumes [J]. The Quarterly Journal of Economics, 2008, 123 (2): 441-487.

[146] Herzer D., Nowak-Lehnmann D. F. What Does Export Diversification Do For Growth? An Econometric Analysis [J]. Applied Economics, 2006, 38 (15): 1825-1838.

[147] Hess W., Persson M. The Duration of Trade Revisited: Continuous-Time vs. Discrete-Time Hazards [J]. Empirical Economics, 2010, 43 (3): 1083-1107.

[148] Hess W., Persson M. Exploring the Duration of EU Imports [J]. Review of World Economics, 2011, 147 (4): 665-692.

[149] Hotelling H. Stability and Competition [J]. Economic Journal, 1929, 39 (1): 41-57.

[150] Hsieh C. T., Klenow P. J. Misallocation and Manufacturing TFP in China and India [J]. Quarterly Journal of Economics, 2009, 124 (4): 1403-1448.

[151] Huang H., Xu C. Soft Budget Constraint and the Optimal Choices of Research and Development Projects Financing [J]. Journal of Comparative

Economics, 1998, 26 (1): 62-79.

[152] Hummels D., Klenow P. J. The Variety and Quality of a Nation's Exports [J]. The American Economic Review, 2005, 95 (3): 704-723.

[153] Iacovone L., Javorcik B. S. Multi-Product Exporters: Product Churning, Uncertainty and Export Discoveries [J]. The Economic Journal, 2010, 120 (544): 481-499.

[154] Imbs J., Wacziarg R. Stages of Diversification [J]. The American Economic Review, 2003, 93 (1): 63-86.

[155] Kalemli-Ozcan S., Sørensen B. E., Yosha O. Risk Sharing and Industrial Specialization: Regional and International Evidence [J]. The American Economic Review, 2003, 93 (3): 903-918.

[156] Kamuganga D. N. What Drives Africas Export Diversification? [C]. Graduate Institute of International and Development Studies Working Paper, 2012. No. 15.

[157] Kletzer K., Bardhan P. Credit Markets and Patterns of International Trade [J]. Journal of Development Economics, 1987, 27 (1-2): 57-70.

[158] Knack S., Keefer P. Institutions and Economic Performance: Cross-country Tests Using Alternative Institutional Measures [J]. Economics & Politics, 1995, 7 (3): 207-227.

[159] Krugman P. R. Increasing Returns, Monopolistic Competition, and International Trade [J]. Journal of International Economics, 1979, 9 (4): 469-479.

[160] Krugman P. R. Scale Economies, Product Differentiation, and the Pattern of Trade [J]. The American Economic Review, 1980, 70 (5): 950-959.

[161] Krugman P. R. Intra-Industry Specialization and the Gains from Trade [J]. The Journal of Political Economy, 1981, 89 (5): 959-973.

[162] Lall S. The Technological Structure and Performance of Developing Country Manufactured Exports 1985-1998 [J]. Oxford Development Studies, 2000, 28 (3): 337-369.

[163] Lancaster T. TheEconometric Analysis of Transition Data [M]. Cambridge University Press, 1992.

[164] Levchenko A. A. Institutional Quality and International Trade [J]. The Review of Economic Studies, 2007, 74 (3): 791-819.

[165] Levinsohn J., Petrin A. Estimating Production Functions Using Inputs to Control for Unobservables [J]. The Review of Economic Studies, 2003, 70 (2): 317-342.

[166] Manova K. Credit Constraints, Equity Market Liberalizations and International Trade [J]. Journal of International Economics, 2008, 76 (1): 33-47.

[167] Melitz M. J. The Impact of Trade on Intra-Industry Reallocations and Aggregate Industry Productivity [J]. Econometrica, 2003, 71 (6): 1695-1725.

[168] Minondo A. Does Comparative Advantage Explain Countries' Diversification Level? [J]. Review of World Economics, 2011, 147 (3): 507-526.

[169] Mohnen P., Palm F. C., Van Der Loeff S. S., Tiwari A. Financial Constraints and Other Obstacles: Are They a Threat to Innovation Activity? [J]. DeEconomist, 2008, 156 (2): 201-214.

[170] Muscatelli V. A., Stevenson A. A., Montagna C. Modeling Aggregate Manufactured Exports for some Asian Newly Industrialized Economies [J]. The Review of Economics and Statistics, 1995, 77 (1): 147-155.

[171] Namini J. E., Facchini G., López R. A. Export Growth and Factor Market Competition: Theory and Evidence [C]. Centro Studi Luca d'Agliano Development Studies Working Paper No. 309, 2011.

[172] Nitsch V. Die Another Day: Duration in German Import Trade [J]. Review of World Economics, 2009, 145 (1): 133-154.

[173] North D. C. Structure and Change in Economic History [M]. Norton, 1981.

[174] North D. C. Institutions, Institutional Change and Economic Performance [M]. Cambridge University Press, 1990.

[175] North D. C. Economic Performance Through Time [J]. The Ameri-

can Economic Review, 1994, 84 (3): 359–368.

[176] North D. C., Thomas R. P. The Rise of the Western World: A New Economic History [M]. Cambridge University Press, 1973.

[177] North D., Wallis J. Integrating Institutional Change and Technical Change in Economic History: A Transaction Cost Approach [J]. Journal of Institutional and Theoretical Economics, 1994, 150 (4): 609–624.

[178] Nunn N. Relationship–Specificity, Incomplete Contracts, and the Pattern of Trade [J]. The Quarterly Journal of Economics, 2007, 122 (2): 569–600.

[179] Obashi A. Resiliency of Production Networks in Asia: Evidence from the Asian Crisis [C]. ERIA Discussion Paper Series, 2009, No. 21.

[180] Parteka A., Tamberi M. Determinants of Export Diversification: An Empirical Investigation [C]. Universita Politecnica delle Marche, Dipartimento di Economia Quaderno di Ricerca, 2008, No. 327.

[181] Pineres A. G., Ferrantino M. The Commodity Composition of Export Portfolios: A Comparative Analysis of Latin America [J]. Latin American Business Review, 2000, 1 (3): 1–15.

[182] Porta R. L., Lopez – de – Silanes F., Shleifer A., Vishny R. W. Law and Finance [J]. Journal of Political Economy, 1998, 106 (6): 1113–1155.

[183] Rajan R. G., Zingales L. Financial Dependence and Growth [J]. The American Economic Review, 1998, 88 (3): 559–586.

[184] Ranjan P., Lee J. Y. Contract Enforcement and International Trade [J]. Economics & Politics, 2007, 19 (2): 191–218.

[185] Rauch J. E., Watson J. Starting Small in an Unfamiliar Environment [J]. International Journal of Industrial Organization, 2003, 21 (7): 1021–1042.

[186] Restuccia D., Rogerson R. Policy Distortions and Aggregate Productivity with Heterogeneous Plants [J]. Review of Economic Dynamics, 2004, 11 (4): 707–720.

[187] Rodrik D. What's So Special about China's Exports? [J]. China & World Economy, 2006, 14 (5): 1-19.

[188] Saviotti P. P., Frenken K. Export Variety and the Economic Performance of Countries [J]. Journal of Evolutionary Economics, 2008, 18 (2): 201-218.

[189] Schott P. K. The Relative Sophistication of Chinese Exports [J]. Economic Policy, 2008, 23 (53): 6-49.

[190] Shao J., Xu K., Qiu B. Analysis of Chinese Manufacturing Export Duration [J]. China & World Economy, 2012, 20 (4): 56-73.

[191] Söderlund B., Tingvall P. G. Dynamic Effects of Institutions on Firm-Level Exports [J]. Review of World Economics, 2013, 150 (2): 277-308.

[192] Vettas N. Investment Dynamics in Markets with Endogenous Demand [J]. The Journal of Industrial Economics, 2000, 48 (2): 189-203.

[193] Wagner J. Export Entry, Export Exit and Productivity in German Manufacturing Industries [J]. International Journal of the Economics of Business, 2008, 15 (2): 169-180.

[194] Wakasugi R., Ito B. The Effects of Stronger Intellectual Property Rights on Technology Transfer: Evidence from Japanese Firm-level Data [J]. The Journal of Technology Transfer, 2009, 34 (2): 145-158.

# 重要术语索引表

# 后　记

本书是基于我的博士学位论文，在山东工商学院博士科研启动基金项目“市场化对中国企业出口行为的影响研究”（项目编号：BS201624）进一步的研究过程中，对部分关键性内容重新思考打磨并充实完善后修订而成的。在本书即将出版之际，我感慨万千，学海无涯，关于制度与国际贸易二者之间关系的研究于我而言才算刚入门，大量的学术研究有待进一步开展。怀揣着对未来的忐忑与期望，在今后的科研工作中，我将克服困难，勇往直前，期待在国际经济理论与政策研究领域能有所进步，取得一些成绩。

在整个书稿的撰写过程中，有太多的师长、朋友和同事给予我支持和帮助，在此向你们表示衷心的感谢。

感恩南开大学。在南开大学攻读博士学位的三年，是我快速成长的三年。南开大学深厚的历史底蕴和良好的学习氛围感染着我，“允公允能，日新月异”的南开精神是我一生努力领悟与践行的精神。

感谢我的博士生导师张伯伟教授。张老师为人谦逊、胸怀宽广，无论在学术上还是生活中都体现出独特的人格魅力，能够成为张门学生我倍感自豪。张老师学识渊博、治学严谨，时刻教导我们做学问要踏实，切勿投机取巧。在写作过程中，张老师给予了我莫大的帮助，从选题、框架设计、内容撰写及最后的定稿，张老师总是悉心地对我进行指导，哪怕再忙，哪怕是节假日。回首跟随张老师学习的三年，我深深地被张老师的人格力量和学者风范所折服。在未来的生活和工作中，我要继续以张老师为榜样，努力完善自己。

感谢我的硕士生导师李平教授。李老师就像漆黑海上的一盏指航灯，在我对人生感到迷茫的时候，引领我走上科研这条路，帮我开启了人生的另一扇大门。没有李老师，我可能就不会选择攻读博士学位。李老师的博学多才让我敬佩，他是既有学术造诣又有生活品味的学者的典范。此外，我还要感谢李老师所带领的“鹰之队”，在那里我遇到了一群最可爱的兄弟姐妹，和他们在一起让我感到了家的温暖。同时，他们敢于为了梦想拼搏的精神也鼓舞着我，这将是我受用一生的宝贵财富。

感谢南开大学的博士同学们，感谢山东工商学院金融学院和金融服务转型升级协同创新中心的同事们，感谢我的亲朋好友们，谢谢你们给予我的支持与帮助，让我能够克服生活和工作中的各种困难，感受到满满的温暖。

**沈得芳**

**2020 年 2 月于山东烟台**